Valerie Schönian
Ostbewusstsein

VALERIE SCHÖNIAN

OST BEWUSST SEIN

Warum Nachwendekinder für den Osten streiten und was das für die Deutsche Einheit bedeutet

PIPER

Mehr über unsere Autorinnen, Autoren und Bücher:
www.piper.de

Von Valerie Schönian liegen im Piper Verlag vor:
Ostbewusstsein
Halleluja

Die Autorin benutzt die männliche und weibliche Sprachform im Wechsel. Gemeint sind jeweils alle Geschlechter.

Unser Versprechen für mehr Nachhaltigkeit
• Klimaneutrales Produkt
• FSC®-zertifiziertes Papier
• Hergestellt in Europa

FSC www.fsc.org
MIX
Papier | Fördert gute Waldnutzung
FSC® C083411

ISBN 978-3-492-06187-2
5. Auflage 2023

Satz: Eberl & Koesel Studio, Kempten
Gesetzt aus der Dante
Litho: Lorenz & Zeller, Inning am Ammersee
Druck und Bindung: CPI books GmbH
Printed in the EU

Bloß von hier weg,
so weit wie möglich,
bis du sagst,
es ist Zeit,
wir müssen aus Feuerland zurück.
Nach Hause.

Inhalt

Nebeneinander

Was ist nun mit der Einheit?

Prolog

Darf man das noch sagen? Ossi?

Genau das habe ich mich auch gefragt, als ich den Entwurf für dieses Buchcover sah. Da musste ich mich endgültig entscheiden. Lasse ich das wieder streichen? Oder nicht? Will ich das sein? Ein Ossi?

Eigentlich haben alle genug von dem Ausdruck. Er erinnert Westdeutsche daran, dass Deutschland mal ein geteiltes Land war. Und Ostdeutsche an die Vorurteile, die ihnen entgegengebracht werden. Stellt man sich unser Denken als riesengroßen Schrank voller Schubladen vor, sind die Dinge, die im *Ossi*-Fach liegen, keine, die man sich gegenseitig im Freundschaftsbuch attestiert. Jammern, komischer Dialekt, Faible für Runenschriftpullis. Seit einiger Zeit auch das Tragen von Fischerhüten in Schwarz-Rot-Gold.

Ich glaube, alle wollen, dass der Begriff verschwindet, weil sie hoffen, dass dann auch die Vorurteile verschwinden. Und das leise Gefühl, dass zwischen Ost und West noch immer eine unsichtbare Mauer verläuft, die das Land spaltet.

Aber egal, wie sehr das jede und jeder gehofft hat – 30 Jahre nach der Wiedervereinigung ist das alles noch da. Die Vorurteile, die Unterschiede. Das Gerede von der Spaltung wird sogar wieder mehr. Auch *der Ossi* ist noch da. Zuletzt eindrücklich illustriert auf einer Ausgabe des *Spiegel* im Sommer 2019 mit besagtem Fischerhut und der Überschrift: »So isser, der Ossi«.

Nachdem ich eine Weile auf das Cover dieses Buches geschaut hatte, dachte ich: na gut. Wenn sowieso alle noch vom Ossi reden, dann sind damit Ostdeutsche gemeint – und das ist eine Gruppe, zu der ich gehöre. Und Ostdeutsche zu sein ist ja nichts Schlimmes. Sondern es ist ein Teil von mir. Das heißt dann in der Schlussfolgerung, dass ich auch Ossi bin. Mehr noch, dann will ich es auch sein. Ganz bewusst, gern und schon aus Prinzip. Deswegen ist der Begriff auf dem Titel dieses Buches farblich unterlegt.

Begriffe und das, was wir mit ihnen verbinden, wandeln sich. Wir können die Schublade, auf der *Ossi* steht, also mit ganz vielen weiteren Eigenschaften, Dingen und Kopfbedeckungen füllen, bis der Inhalt des Fachs wirklich widerspiegelt, wie wir Ossis sind: viele und verschieden. Irgendwann liegt dann so viel Zeug in der Schublade, dass wir sie überhaupt nicht mehr schließen können. Das wird der Moment sein, in dem wir sie nicht mehr brauchen.

Ich fange an: Ich bin Ossi. Und ich trage am liebsten Wollstirnbänder.

Eine Bewusstwerdung

»Es gibt unzählige Dinge, die man nicht weiß, zum Beispiel ob ein Regenwurm weiterlebt, wenn man ihn in zwei Teile schneidet, wie eine Katze den Sprung von einer Mauer unbeschadet überleben kann oder wie Eiscreme hergestellt wird. Man weiß, dass man es nicht weiß, das ist nicht schlimm. Man kann ja jemanden fragen, wie das geht. Schwieriger ist es, wenn man nicht weiß, was man nicht weiß.«

Andrea Hanna Hünniger,
Das Paradies. Meine Jugend nach der Mauer

1 Nachwendekind

Viele Jahre bevor ich zur Ostdeutschen werde, stehe ich an einer Magdeburger Straßenbahnhaltestelle und versuche zu verstehen, was ein lallender Herr mir sagen will. Der Mann, graue Haare, halbe Glatze, hat eine Tüte vom Discounter in der Hand. Er schaut auf mich, 14 Jahre alt, rot gefärbte Haare, Kapuzenpulli – und auf meine Freundin neben mir. »Was sagt ihr denn? Ihr Jungen?«, ruft er. »Bei euch jibt et doch schon keene Unterschiede mehr zwischen alten und neuen Ländern, oa was?«

Ob ich ihm antworte, weiß ich heute nicht mehr. Ich erinnere mich kaum noch an Details, außer, dass es schon dunkel ist und der McDonald's auf der anderen Straßenseite noch geöffnet hat. Weil ich in dem Moment nicht ahne, dass dieser Mann eine Frage stellt, an die ich jemals wieder denken werde. Was ich aber noch weiß, ist, dass ich hoffe, dass meine Freundin nicht von mir wissen will, was mit »alten« und »neuen Ländern« gemeint ist.

Es ist das Jahr 2005. Deutschland denkt, die Wiedervereinigung sei lange her und das Gröbste geschafft. Doch den Herrn mit der Discountertüte in der Hand scheint im Verhältnis zwischen Ost- und Westdeutschland noch etwas zu bewegen. Und ich verstehe nicht einmal die Frage.

* * *

Ich bin in Magdeburg aufgewachsen. Geboren bin ich im Herbst 1990 in Gardelegen in Sachsen-Anhalt. Damit bin ich ziemlich genauso alt wie das wiedervereinigte Deutschland. Meine Geburtsurkunde wurde ausgestellt von der Deutschen Demokratischen Republik, der DDR, mein erster Impfpass trägt Hammer und Zirkel. Ich gehöre zur ersten Ost-Generation, die Pampers trug statt Windeln aus Baumwolle. Nutella stand für mich immer ganz selbstverständlich neben Nudossi. Mit sieben Jahren fuhr ich mit meinen Eltern im Zug nach Disneyland Paris, mit 18 Jahren stieg ich das erste Mal in ein Flugzeug, das mich auf einen anderen Kontinent brachte. Begrenzende Mauern kenne ich nur von Bildern. Heute arbeite ich als Journalistin, in einer freien Presselandschaft, und lebe in Berlin, im Westteil der Stadt.

Ich habe als Jugendliche nie darüber nachgedacht, ob die Deutsche Einheit etwas mit mir zu tun hat. Ob das etwas bedeutet, in einem Staat geboren worden zu sein, der nicht mehr existiert. Und ob es etwas bedeutet, dass meine Mutter, mein Vater, meine Familie in diesem Staat groß geworden waren. Ich habe mich nicht weiter mit Ostdeutschland beschäftigt, wie viele.

Seit einigen Jahren ist etwas anders geworden. Ostdeutschland ist heute ein drängendes Thema. Nicht nur für mich, sondern für die ganze Republik. Und ich glaube, es wird mehr und mehr zu einem für meine Generation.

Ich meine die der ostdeutschen Nachwendekinder. Die Menschen, die um die Zeit der Friedlichen Revolution geboren und in einem wiedervereinigten Land groß geworden sind. Wir haben die DDR nicht mehr bewusst erlebt. Mit dem Osten zu tun haben wir trotzdem. Weil der nicht einfach verschwunden ist mit der Wende. Der Osten von heute ist mehr als das ehemalige Gebiet der DDR.

Damals an der Magdeburger Haltestelle war ich mir dessen nicht bewusst. Ich habe mich nicht ostdeutsch gefühlt.

Dann passierten ein paar Dinge, die das änderten.

2 Plötzlich Ossi

Wenn ich im Rückblick darüber nachdenke, wann es anfing, lande ich in Berlin, wohin ich nach meinem Abitur zog, um zu studieren. Dort wurde mir das erste Mal klar, dass es Unterschiede zwischen Ost und West gibt, weil ich Leute traf, die nicht wussten, was ein Polylux ist (westdeutsch: Overheadprojektor). Das war kein Problem. Eher lustig. Wie eben einige Leute mit dem Oktoberfest aufwachsen, andere mit dem Baumblütenfest. (In Magdeburg war es einfach: der Rummel.)

Mit 21 Jahren lebte ich für ein paar Wochen in Bayern, weil ich dort ein Praktikum absolvierte. Dabei hatte ich nicht den Gedanken, jetzt in »Westdeutschland« zu sein. Meine bayerischen Kolleginnen machten Witze über den grauen Osten, ich über den Versuch, unironisch Lederhosen zu tragen – alles war in Ordnung. Witze sind kein Problem, wenn alle Seiten einverstanden sind und sie auf Augenhöhe passieren. So fühlte es sich damals an.

Das änderte sich ab dem Herbst 2014, als ich für eineinhalb Jahre nach München zog. Obwohl ich mich da selbst bewusst noch nicht viel mit Ostdeutschland auseinandergesetzt habe, begann ich zu ahnen, dass irgendetwas nicht so in Ordnung ist, wie ich dachte. Eine bayerische Freundin fasste mir das, was sie in der Schule über die DDR gelernt hatte, so zusammen: Es war einmal ein schlimmer

Staat, dank uns, den Westdeutschen, wurden die Leute gerettet, jetzt ist alles gut. Und dann begann zur selben Zeit auch noch Pegida in Dresden zu marschieren. Ich stand in München auf einer Gegendemo. Doch etwas unterschied mich von den Leuten um mich herum. Ich sah in den Demonstrierenden in Dresden Wütende. Viele andere, hatte ich das Gefühl, sahen zuallererst Ostdeutsche. Eine Freundin gestand mir, dass sie wegen Pegida in ganz finstere Klischees zurückfalle: »Die sind irgendwo tief in mir vergraben. Sodass ich denke: Scheiß Ossis! Ihr Jammerlappen, dass ihr euch immer noch benachteiligt fühlt!«

»Jammerlappen« dachte ich nicht. Aber so richtig verstand auch ich nicht, was dort los war in Ostdeutschland. Ab dem Herbst 2015, als Tausende Geflüchtete nach Deutschland einreisten und die Migrationspolitik die deutschen Wohnzimmertische erreichte, stritt auch ich mit meinen Eltern darüber. Ich war zu Besuch in Magdeburg, wir diskutierten über Flüchtlingspolitik, und mein Vater sagte, dass Migration eben reguliert werden müsse. Ich bekam Herzklopfen, vermutete Schlimmstes, wurde laut und schwor, zu Weihnachten nie wieder nach Hause zu kommen, sollte er jemals zu Pegida gehen oder die AfD wählen. Was mein Vater beides nicht tat und auch nicht tun wird. Er sagte da nur etwas, was mittlerweile für viele Menschen zu einem politischen Allgemeinplatz geworden ist. Ich jedoch wollte das nicht hören. Weil ich es unerträglich fand, Menschen Hilfe zu verweigern, obwohl man die Möglichkeit hätte, diese zu leisten (was ich immer noch finde). Aber ich wollte damals auch überhaupt nicht verstehen, woher die Skepsis kommt, die in Ostdeutschland zunächst größer war. Woher die Wut kommt, das Bedürfnis nach Protest. Das Gespräch mit meinen Eltern war schnell vorbei.

2016 zog ich zurück nach Berlin, und dort passierten mehrere Dinge gleichzeitig. Ich merkte, wie wenige sich für den Osten interessieren. Deshalb tat ich es umso mehr – ein bisschen aus Trotz. Je mehr ich meinen Blick auf den Osten richtete, desto mehr wurde mir das fehlende Interesse der anderen bewusst. Und desto mehr wuchs mein Lernbedürfnis. Danach, mich damit auseinanderzusetzen, warum die Ostdeutschen anscheinend immer noch irgendwie anders ticken.

Im März 2016 wurden neue Landesparlamente in Sachsen-Anhalt, Baden-Württemberg und Rheinland-Pfalz gewählt. In allen drei Ländern würde die AfD ins Parlament einziehen, das sagten die Umfragen voraus – und am stärksten sollte die Partei in Sachsen-Anhalt werden. Trotzdem bestimmten vor allem die westdeutschen Länder die Schlagzeilen.

Da gab es beispielsweise die Debatte um die Diskussionsrunden, in denen Politikerinnen vor einer Wahl gegeneinander antreten. In den Medien wurde breit über die Entscheidungen der beiden westdeutschen Landesoberhäupter Malu Dreyer und Winfried Kretschmann berichtet. Sie hatten erklärt, nicht an einer TV-Runde teilnehmen zu wollen, wenn auch die AfD beteiligt sei (Kretschmann änderte seine Entscheidung später). In Sachsen-Anhalt entschied der MDR, die AfD trotz ihrer Umfragewerte nicht in die Runde zu laden: Auch das war eine Entscheidung, die diskutiert gehört. Doch das passierte in der bundesweiten Presse wenig. Ich weiß noch, wie ich mich irgendwann wunderte und nachschaute, ob es denn überhaupt ein solches Fernsehduell in Sachsen-Anhalt geben würde. Sechs Wochen vor der Wahl musste ich einem Bekannten aus Nordrhein-Westfalen, der politisch interessiert und informiert ist, erklären, dass im Osten auch gewählt werde. Ein Hamburger Bekannter begründete die Aufmerksamkeit für Baden-Württemberg damit, dass dort die Grünen das erste Mal stärkste Kraft werden könnten. Ich schaute ihn entgeistert an. In Sachsen-Anhalt wurde die AfD schließlich die zweitstärkste.

Ich wollte verstehen, was da eigentlich passiert in dieser Gegend, in der ich aufgewachsen bin. Wo fängt man da an? Zu Hause. Also suchte ich das Gespräch mit meiner Familie.

Meine Familie wählt nicht die AfD, geht nicht zu Pegida, niemand von ihnen bezeichnet die Medien als eine Lügenpresse. Meine Verwandten zählen nicht zu den Leuten, die vor die Kameras geschoben werden, wenn es um ostdeutsche Wut geht. Aber was mich von meiner Familie unterschied: Ich konnte nicht einmal ein bisschen verstehen, warum die Leute skeptisch waren oder besorgt.

Ich sah das so: Im Osten gab es quasi keine Geflüchteten, gegen die die AfD so vehement auftrat, und Deutschland ging es gut. Was war das Problem?

Je länger ich meiner Familie zuhörte und sie erklärte, desto mehr kam es, ein bisschen, bei mir an: Woher das alles rührt. Was hier, im Osten, in den vergangenen Jahrzehnten eigentlich abgegangen ist.

Ich verstand, dass man misstrauisch wird, wenn vieles

anders kommt als versprochen. Ich verstand die Traurigkeit, die entsteht, wenn man den eigenen Leuten beim Gehen zusehen muss. Ich verstand den Trotz, den man entwickelt, wenn man endlich auch mal gehört werden will. Ich verstand, wieso man Anerkennung für das Geleistete einfordert und mit Selbstbewusstsein über sein Leben reden will.

Ich verstand, dass nicht jedes Leben nach 1990 besser wurde. Meine Oma zum Beispiel hatte vorher alles, was sie brauchte. Dann wurde sie arbeitslos. Sie sagte, in der DDR habe sie besser gelebt, manchmal sehne sie sich zurück. Ich verstand auch meine Oma. Eine Tante erzählte mir, dass sie seit 40 Jahren arbeiten gehe, seit 25 Jahren Angst habe, ihren Job zu verlieren, und am Ende des Monats überlegen müsse, ob sie sich ihre Lieblingspralinen leisten könne. Als sie Angela Merkel sagen hörte, Deutschland gehe es gut und »wir schaffen das«, fragte sie sich: Wer ist »wir«?

Mir erschienen diese ganzen Gefühle sofort einleuchtend. Weil es meine Familie war, die mir diese Dinge erzählte. Und weil ich einige Folgen der Nachwendezeit natürlich selbst kannte: In Gardelegen, meiner Geburtsstadt, hatte beispielsweise einige Zeit zuvor der letzte Lebensmittelladen im Zentrum zugemacht. Die meisten Läden an der Hauptstraße sind jetzt geschlossen. Die Stadt hat die Besitzer aufgefordert, bunte Bilder in die Schaufenster zu stellen, damit das ein bisschen weniger auffällt.

Das erste Mal wurde mir in diesen Gesprächen bewusst, was es heißt, in einem anderen, jetzt umgestürzten System aufgewachsen zu sein. Das erste Mal sah ich durch meine

Familie die *ostdeutsche Perspektive,* ohne mir dessen schon ganz bewusst zu sein.

Es war wie ein Vorhang, der sich öffnete. Die Leinwand wurde sichtbar. Der Saal gedimmt, die Popcorntüten knisterten, der Projektor ging an. Und auf der großen Fläche vor mir begann das Leben meiner Familie zu laufen. Die Kamera zeigte mir bekannte Szenen, aber in anderen Farben, aus anderen Winkeln, mit neuen Sinnzusammenhängen. Später merkte ich, dass ich in dieser Zeit gerade einmal den Vorspann sah. So viele Aha-Momente – und der Hauptfilm hatte noch nicht einmal begonnen. Ich sah zwar die *ostdeutsche Perspektive,* aber sie fühlte sich nicht wie meine eigene an.

Das änderte sich zum ersten Mal am 13. März 2016 – dem Abend der drei Landtagswahlen. Die AfD erhielt in Sachsen-Anhalt 24,2 Prozent der Zweitstimmen. Sie zog als zweitstärkste Kraft in den Landtag ein. Heute gehört das im Osten ja schon zur Regelmäßigkeit, damals war es das erste Mal. Da lief mein Heimatbundesland plötzlich doch auf allen Kanälen – ob Fernsehen, Radio oder Zeitungen. Und alle schienen überrascht zu sein.

Ich konnte es auch nicht fassen. Jede vierte Stimme. Ich dachte: Leute, so funktioniert das nicht! Auch wer enttäuscht ist und Veränderung will, kann keine rechtspopulistische Partei wählen.

Dann ging ich auf Facebook. Dort schrieben Menschen, die ich in den vergangenen Jahren in Berlin, Hamburg oder München kennengelernt hatte: »Schäm dich, Sachsen-Anhalt«, »Tja, was machste mit so Leuten« oder »Diese Hohlköpfe!«. Und da dachte ich: Leute, so funktioniert das aber auch nicht! Ihr könnt doch nicht jahrzehntelang wegschauen und dann alle Menschen eines Bundeslandes als Hinterwäldlerinnen abstempeln.

Ein paar Tage nach der Wahl unterhielt ich mich mit einem Westdeutschen, vielleicht 30 Jahre älter als ich, über das Wahlergebnis und versuchte zu erklären, was ich selbst gerade erst verstanden hatte. Gefühlte Sicherheit in der DDR, politischer Umsturz, neues Wirtschaftssystem, Abwanderung, Arbeitslosigkeit, Traurigkeit, Ohnmacht, Angst, Trotz.

Und dieser Mann sagte dann, ganz ernsthaft, wegen des Wahlergebnisses jetzt einen ganzen Bogen bis zur DDR zurückzuschlagen, das sei »Ossi-Gejammer«.

Ossi. Gejammer.

Meine Ossi-Werdung ist ein Prozess gewesen und ist es noch immer. Aber wenn ich gezwungen wäre, einen einzigen Moment bestimmen zu müssen, der mich zum Ossi gemacht hat, dann war es dieser.

Was mir im Gespräch mit meiner Familie unmittelbar eingeleuchtet hatte, bezeichnete dieser Mann als »Gejammer«. Da merkte ich: Offenbar haben er und ich eine völlig andere Perspektive. Einen anderen Blick auf die Bedeutung der DDR-Zeit und der Nachwendejahre. Nicht weil einer von uns dumm ist oder ignorant. Oder völlig falschliegt. Sondern schlicht aus dem Unterschied heraus, dass seine Perspektive eine westdeutsche ist. Und meine eine ostdeutsche. Weil er Wessi ist. Und ich Ossi.

* * *

Seitdem fühle ich mich ganz bewusst als Ostdeutsche. Seitdem will ich es auch sein. Seit diesen ganzen Ossi-Momenten ist es ein prägender Teil von mir und meinem Leben geworden, aus Ostdeutschland zu kommen. Und das zeige ich gern.

Heute ist es so: Ich schmuggle ostdeutsche Lieder auf die Musikliste von Betriebsfeiern und WG-Partys. Ich erkläre jeder, die es nicht hören will, dass der FC Magdeburg es in die 2. Bundesliga schaffte, jetzt zwar wieder in der 3. Liga ist, aber sich das ganz – ganz! – bestimmt bald wieder ändert, obwohl mir nicht viele Dinge egaler sind als 22 Menschen, die 90 Minuten lang auf einem Stück Rasen herumlaufen. Sobald sich die Gelegenheit bietet, führe ich aus, dass die Riesa-Spirelli die besten sind, weil sie die ideale Kurvenbreite und -form haben, in denen das perfekte Maß Tomatensoße hängen bleibt. Und dass der Rotkäppchen-Sekt in Wahrheit noch besser kribbelt, als es auf dem Rücken der Frau in der Werbung wirkt. Beides ist wahr (klar!). Aber sonst würde ich es eben behaupten. Erst vor Kurzem habe ich gelernt, dass das Spülmittel *Fit* bereits 1954 in der DDR hergestellt wurde, womit meine Parteilichkeit in zukünftigen Putzgesprächen feststeht. Warum ich das nicht wusste? Weil ich lange nicht in Ost- und Westkategorien dachte.

Sobald es aber jetzt um *Ostdeutschland* geht, stehe ich innerlich bereit, irgendetwas richtigstellen zu wollen. Ich höre genau hin, ob da jetzt zum Beispiel das Wahlergebnis eines Landesteils verurteilt wird. Oder pauschal alle Menschen, die in diesem Landesteil leben. Wenn Letzteres passiert, rücke ich meine innere Krawatte zurecht, strecke meinen Rücken durch, räuspere mich bei Bedarf und wechsle in den Dozentinnenmodus, in dem ich meinen Da-muss-man-jetzt-aber-differenzieren-Vortrag halte. Auch gern lang. Und ungefragt.

Obwohl ich doch nach dem Abitur kaum schnell genug aus Magdeburg verschwinden konnte, bin ich in den vergangenen Jahren zu so etwas wie einer Lokalpatriotin geworden. Nicht nur zu einer Magdeburger, sondern zu einer ostdeutschen Lokalpatriotin. Dabei war ich noch nie in Zwickau und erst ein einziges Mal in Schwerin.

Wir feiern 30 Jahre Deutsche Einheit. Aber je länger die Mauer nicht mehr steht, desto ostdeutscher fühle ich mich. In einer Zeit, in der die meisten Menschen, denen ich mich ideell verbunden fühle, davon sprechen, Europäer oder Weltbürgerinnen zu sein, fühle ich mich zuallererst als Ostdeutsche. Aus den vielen Fragen, die das für mich aufgeworfen hat, ist dieses Buch entstanden.

Ergibt es Sinn, sich als Nachwendekind noch ostdeutsch zu fühlen? Ist es eigentlich okay, darauf zu bestehen, Rotkäppchen-Sekt zu kaufen, Lokalpatriotin zu sein? Und sich mit diesem Landesteil verbunden zu fühlen, in dem gerade rechtspopulistische Kräfte politische Macht erhalten? Woher kommt das, und, vor allem, bringt das etwas? Oder spaltet mein Ostdeutsch-Sein mehr, als dass es eint? Der ostdeutsche Autor Christoph Dieckmann, geboren 1956, schrieb einmal, als Entgegnung auf einen meiner Artikel, in der *ZEIT im Osten*: »›Der Osten ist Geschichte.‹ (…) Sie empfinden nachgeborene Zugehörigkeit, in diffuser Differenz zum Westen, dessen Ost-Verachtung Sie nervt. Aber was wäre der Osten? Der Staat DDR ist gottlob futsch.« Ich nehme die Herausforderung an. Dieser Frage will ich auf den Grund gehen: Was ist der Osten heute noch?

Dabei will ich wissen, ob es anderen genauso geht wie mir und wie sie mit diesen Fragen umgehen. Denn ich glaube, dass es etwas über den Zustand unseres Landes und unserer Gesellschaft aussagt, wenn junge Leute wieder beginnen, sich ostdeutsch zu fühlen. Ossi zu sein.

Ich habe deshalb eine Reise gewagt. Eine Reise zu meinen Wurzeln, eine, die mich durch Ostdeutschland geführt hat und zu Personen, die unterschiedlicher kaum sein könnten, aber von denen die meisten eines gemeinsam haben: Sie sind ostdeutsche Nachwendekinder wie ich. Ich habe mit ihnen gestritten und gelacht, habe einige mehr verstanden, andere weniger. Die Fragen, die mich leiten auf dieser Reise, sind: Wer sind wir, die Nachwendekinder? Was eint uns? Was trennt uns? Und was können wir zu dieser Gesellschaft und der Deutschen Einheit beitragen?

Ein paar Anmerkungen vorneweg. Diese Reise war auch von Zweifeln begleitet. Denn mir ist bewusst, wer Unterschiede benennt und herausarbeitet, reproduziert sie auch. Diese Zweifel werden sich in diesem Buch wiederfinden, und ich hoffe, sie verständlich machen zu können. Ich benutze den Ausdruck *Wende*, da er sich, auch bei den meisten Ostdeutschen, etabliert hat. Jedoch sei gesagt, dass einige Bürgerrechtlerinnen von damals sich daran stören, dass dieser Begriff vom ehemaligen DDR-Staatsratsvorsitzenden Egon Krenz geprägt wurde. Außerdem spreche ich von *Wiedervereinigung*, obwohl manche Ostdeutsche lieber von *Beitritt* sprechen, da 1990 in Ostdeutschland das

System der Bundesrepublik übernommen wurde. Aber aus Wiedervereinigung resultiert für mich der Anspruch auf Augenhöhe, den ich einfordern möchte.

Die Chronologie des Buches entspricht nicht komplett der Chronologie der Recherche. Ich musste Dinge neu ordnen, um die Nachvollziehbarkeit meiner Reise und Gedanken zu erleichtern. Außerdem kann ich hier beim besten Willen nur einen Ausschnitt der Ost-Debatte wiedergeben, die wiederum nur eine von vielen wichtigen laufenden Debatten ist. Dieses Buch ist keine Enzyklopädie des Ostens, und es ist nicht objektiv, sondern gefärbt durch meine Erlebnisse sowie mein Leben. Ich bin nicht nur ostdeutsch, sondern auch weiß und war nie Rassismus ausgesetzt. Außerdem bin ich privilegiert aufgewachsen. Zuerst habe ich studiert, nun gehe ich einer Arbeit nach, die mir Zeit und Möglichkeiten gibt, mir über all diese Dinge Gedanken zu machen, diese Reise anzutreten, wofür ich dankbar bin.

Das Seltsame ist, dass gerade meine Eltern zunächst gar nichts von meiner Reise halten.

3 Meine Eltern

Als ich meinen Eltern eröffne, dass ich jetzt Ostdeutsche bin, nehme ich irgendwie an, dass sie das freuen würde. So nach dem Motto: Das weggezogene Kind kehrt zu den Wurzeln zurück. Ist doch eine schöne Geschichte. Aber mein Vater antwortet nur: »Was hast du denn mit dem Osten zu tun?«

Meine Mutter, mein Vater, mein Bruder und ich fahren kurz danach trotzdem zu der Wohnung, in der meine Eltern mit mir Anfang der 1990er-Jahre gelebt haben. Eine kleine Straße im Osten Magdeburgs, wie sie überall liegen könnte: ruhig, renovierte Häuserfassaden in warmen Rot- und Gelbtönen. Ich war nie wieder dort und habe meine Familie gebeten, dass wir noch einmal gemeinsam hierherkommen. Als wir aus dem Auto steigen, frage ich, wie es hier früher aussah. Mein Vater sagt: »Grau.«

Meine Mutter schaut mich vorwurfsvoll an: »Willst du jetzt wieder von den armen Leuten in Deutschland erzählen, oder was? Vom Elend der Ossis? Sollen wir uns noch vor abgewrackte Häuser stellen, für ein paar Fotos?« Ich bin irritiert über ihren Ton. Weiß nicht, wie ich reagieren soll, und sage nur: »Nein, Mama, natürlich nicht.«

Meine Eltern sind beide 1968 geboren. Mein Vater ist Elektriker, meine Mutter Kindergärtnerin. Beide kommen aus der Altmark in Sachsen-Anhalt, wo sie sich Ende der 1980er-Jahre an einem Tanzabend kennenlernten, nach einer Woche das erste Mal küssten und zusammenblieben bis heute. Sie erlebten gemeinsam die Montagsdemonstrationen, den Mauerfall, den ersten Besuch im Westen, das Ende der DDR, die Wiedervereinigung. 1990 kam ich zur Welt, ein paar Jahre später, 1997, mein Bruder. Sie zogen mit uns in ein Reihenhaus am Rand von Magdeburg, mit Garten und Kaffeevollautomaten.

Während meiner Kindheit und Jugend machten sie Ost und West eigentlich nie zum Thema. Da waren keine Wessi-Sprüche und keine Ossi-Nostalgie. Nur ganz selten blitzte das Thema auf: Mit zwölf Jahren schaute ich *Goodbye Lenin* im Kino und erklärte meiner Mutter, dass ich den Film nicht lustig fand. Da sagte sie: »Das verstehst du nicht. Wenn da jemand plötzlich Bananen versteckt, würden wir lachen. Und du wüsstest überhaupt nicht, warum.« So lernte ich, dass es im Osten offenbar ein Problem mit Bananen gab. Und irgendwann einmal erzählte mein Vater den Witz: »Warum brauchen Wessis 13 statt 12 Jahre in der Schule? – Ein Jahr mehr für den Schauspielunterricht.«

Es ist nicht so, dass es ein Schweigen zwischen meinen Eltern und mir gab über ihr Leben in der DDR. Nur ein Nicht-drüber-Reden, weil immer etwas anderes zu tun war. Ich habe in meiner Jugend nie danach gefragt, weil man in dieser Zeit einfach nicht im Sinn hat, dass es Mutti und Vati schon vor einem selbst gab. Und sie haben nie groß darüber erzählt, weil sie eben nicht der Typ Mensch sind, der ungefragt viel über die Vergangenheit schwatzt. Zwei Kinder zieht man nicht nebenbei groß, zumal wenn man Vollzeit arbeitet. Meine Eltern haben die Zeit in der

DDR nicht großartig reflektiert, bevor ich anfing, danach zu fragen. Sie finden auch heute noch: Das ist vorbei, was soll man da noch groß drüber reden?

Als ich begann, mich für die DDR zu interessieren, war ich schon von zu Hause ausgezogen. Es passierte nicht aus dem Bedürfnis heraus, sie zur Rede zu stellen. Es war einfach die Neugier eines Kindes am früheren Leben seiner Eltern. Mein Vater war zu DDR-Zeiten in der Kirche und eher systemkritisch, meine Mutter war in allen staatlichen Organisationen, in denen man so war – bei den Pionieren, in der Jugendorganisation FDJ, in der Gesellschaft für Deutsch-sowjetische Freundschaft (DSF), bei der Gesellschaft für Sport und Technik (GST) – und wäre bestimmt auch Parteimitglied geworden, wenn die DDR noch länger existiert hätte. Als ich sie einmal fragte, wieso sie überall mitgemacht habe, sagte sie, da sei man eben reingewachsen, und betonte, dass sie ein ganz normales Leben in der DDR geführt habe. Doch weil sie Kindergärtnerin werden wollte, musste sie aus der Kirche austreten. Ich wollte wissen, ob sie das normal gefunden habe. »Was ist denn normal, mein Kind?«, entgegnete sie. Das leuchtete mir ein.

Ich habe meinen Eltern nie einen Vorwurf daraus gemacht, dass sie nicht gegen das DDR-Regime kämpften. Natürlich nicht. Doch wie konnten sie damit leben, dass an den Grenzen ihres Landes Menschen starben? Keine Ahnung. Wie können wir damit leben, dass im Mittelmeer Menschen sterben? Ich weiß, das ist nicht das Gleiche – und doch zeigt es, wie – viel zu – einfach wir das Leid anderer ausblenden können.

Meine Eltern, mein Bruder und ich laufen durch die Gegend im Osten Magdeburgs, in der wir mal gelebt haben. Sind auf der Suche nach Erinnerungen, die übermalt sind von Pastelltönen. Wenn man durch den Osten geht, bekommt man bis heute manchmal das Gefühl, dass ohne jedes Konzept Häuserfassaden bunt angestrichen wurden.

Später fahren wir noch zu meinem alten Kindergarten in einem anderen Stadtteil. Da erzählt mein Vater, dass hier nach der Jahrtausendwende Tausende Wohnungen abgerissen wurden. Ich erinnere mich noch daran, wo die Rutsche stand. Aber nichts anderes hätte ich wiedererkannt.

Zurück bei uns zu Hause, in dem Reihenhaus am anderen Ende der Stadt, setzen wir uns zu viert an unseren Esszimmertisch, um zu reden. Das Gespräch hakt. Denn ich bin da, um von meinen Eltern zu erfahren, was es bedeutet, ostdeutsch zu sein. Aber sie verweigern regelrecht die Antwort, weil sie bestreiten, dass das bei mir noch eine Rolle spielen würde. Und nicht nur das: Sie bestreiten es sogar für sich selbst.

»Vor 30 Jahren hieß das, dass einer aus der DDR gekommen ist«, sagt mein Vater. »Heute ist das nur etwas Geografisches. Bei Ost und West kenne ich keine Unterschiede.«

»Findest du nicht, dass es ostdeutsche Eigenschaften gibt?«, frage ich.

»Bescheidenheit«, sagt meine Mutter, »… und Nationalstolz.«

Wir lachen. Auch Ossis können Ossi-Witze machen.

Sie spricht weiter: »… Pflichtbewusstsein. Arbeitsdisziplin. Geselligkeit. Das Kollektiv war hier immer wichtiger als der Einzelne, das merkt man noch heute.«

»Wie siehst du das denn, Papa? Gibt es für dich nichts typisch Ostdeutsches?«, versuche ich es noch mal.

»Broiler.«

Ostdeutsche Gesprächsverweigerung à la Papa.

»Habt ihr mich ostdeutsch erzogen?«

»Nur weil du eine Ost-West-Geschichte schreiben willst, brauchst du uns doch jetzt nichts einzureden!«, ruft er. »Vielleicht hast du doch den falschen Beruf, wenn du dich beweisen musst zwischen Ost und West. Uns ist das egal.«

Mich überrascht, mit welcher Vehemenz er jeglichen Unterschied bestreitet. Aber ich werde das immer wieder hören während meiner Reise – den Vorwurf, dass das Thema doch hinter uns liege.

Mein Bruder schaut die ganze Zeit zwischen meinem Vater und mir hin und her. Auch er meint, dass das Thema heute keine Rolle mehr spiele.

»Dann ist er also Wessi«, sage ich über meinen Bruder. »Er ist ja in der BRD geboren.«

»Nein«, widerspricht meine Mutter.

»Ja«, sagt mein Vater.

»Hey, nein! Ich bin auch Ossi«, ruft mein Bruder.

Die Verwirrung ist perfekt.

Meine Mutter ändert während des Gesprächs ihren Standpunkt. Zuerst ist sie der Meinung meines Vaters und betont, dass es keine Unterschiede mehr gebe. Aber dann erzähle ich von meinen Ossi-Momenten, und irgendwann stimmt sie mir dann doch zu.

»Tut mir leid«, fängt sie mit Blick auf meinen Vater an, »aber doch, ich fühle mich noch als Ossi. Mich stört, dass die Westdeutschen denken, wir seien Proleten. Weil wir das nicht sind. Wir sind genauso gut wie sie.«

Dann schaut sie mich an: »Also, um das gleich mal zu sagen, das kannst du ganz groß überall schreiben: Ich habe mich als Ossi nie elend gefühlt. Sondern ich habe mich wohlgefühlt!«

Mein Vater sitzt am Tisch und schüttelt weiter den Kopf, jetzt mit verschränkten Armen, um zu verdeutlichen, dass er das noch immer anders sieht. Ich werde langsam ungeduldig. Und zähle weiter und weiter auf, was das Problem ist – und wie der Westen auf den Osten blickt.

»Papa«, setze ich an, jetzt eindringlicher, »nach den Landtagswahlen hier sprachen einiger meiner Freundinnen von *Hohlköpfen*. Das kann dir doch nicht egal sein.«

»Mh-mh.«

Ton: Kann ja sein, was soll ich dazu jetzt sagen?

»Würdest du nicht sagen, dass es im Westen noch viele Vorurteile gibt?«

»Das kann ich nicht beurteilen.«

»Gibt es hier noch viele Stereotypen gegenüber Westdeutschen?«

»Das ist generationsbedingt. Ich glaube, die meisten Vorurteile haben die, die nie richtig auf der anderen Seite waren.«

»Hast du denn das Gefühl, es wird genug anerkannt, dass die Leute hier einen Systemwechsel gemeistert haben?«

»Das kannst du doch eh nicht mehr ändern. Wir wollten es so haben, fertig.«

Und dann erzähle ich von dem Mädchen, mit dem ich vor einiger Zeit gesprochen habe: geboren 2003, aus Leverkusen. Sie meinte, das Einzige, was sie in der Schule über den Osten gelernt habe, sei das gewesen: Da kloppen sie sich um die Bananen, und im Sportunterricht dopen sie.

In unserem Esszimmer in Magdeburg ist es kurz still, ein paar lange Sekunden.

»Was? Das ist ja gruselig. Das ist ja richtig gruselig«, meint meine Mutter, empört.

»Genau, und im Osten gibt's nur Nazis«, sagt mein Bruder, belustigt. Ihn scheint das irgendwie nicht zu stören. Vielleicht weil er es zu absurd findet. Oder noch nicht oft genug gehört hat.

»Das erzählen sie heute noch, oder was?«, fragt mein Vater. Jetzt wütend.

Und dann fängt er an: »Die denken auch alle, jeder war ein Spion! Das ist alles so ein Schwachsinn! Heute wirst du mehr ausspioniert! Wir haben auch gelebt. Wir haben damit nicht gewartet, bis die Mauer weg ist!«

»Verstehst du meinen Punkt jetzt?«, frage ich.

Mein Vater antwortet nicht, er redet sich in Rage.

»Man hätte einen Austausch machen müssen, bei der Arbeit, zwischen Ost und West. Die meisten Vorurteile haben ja diejenigen, die die andere Seite gar nicht kennen. Im Westen ist es mittlerweile grauer als hier! Die müssten mal herkommen!«

Ich habe das Gefühl, meinen Vater überzeugt zu haben. Aber ich bin mir nicht sicher, ob mir das gefällt. Er ist jetzt im *Die*-Modus: *Die* da drüben, *die* Wessis, *die* anderen.

Nach der *Die*-Predigt beenden wir das Gespräch, für den Familienfrieden. Meine Mutter macht Nudeln mit dieser Tomatensoße, mit der mein Bruder und ich aufgewachsen sind. (Es braucht nur das Pulver und 250 Milliliter Wasser.) Ich liebe sie noch heute. Jede Portion ist, wie immer, nach etwa zweieinhalb Minuten verspeist. Wir sitzen noch eine Weile zusammen, dann bringt mein Vater mich zum Bahnhof.

Als wir im Auto sind und über die Magdeburger Stadtautobahn fahren, reden wir über die nächste Familienfeier. Nicht mehr über das Ost-Thema. Er fängt nicht damit an. Ich auch nicht.

Ich muss das Gespräch erst mal sacken lassen und ordnen. Ich bin irritiert: Erst spielt das ganze Thema angeblich keine Rolle, dann zeigt sich: Sie kennen die Vorurteile gegenüber Ostdeutschen offensichtlich genauso gut wie ich, vielleicht sogar besser – diese Vorurteile, die mich erst zum Ossi machten.

Im Rückblick kann ich sagen: Das Gespräch würde ich nicht noch einmal so führen. Ich wusste nicht, wie ich anfangen sollte, und reproduzierte Klischees, Vorurteile, Stereotype. Weil mir eine Sprache fehlte, um zu sagen, dass es um etwas anderes ging. Also beschließe ich, erst einmal die Sprache zu lernen, die ich brauchen werde, um mich bei meiner Reise besser verständigen zu können. Nur geht es bei der nicht bloß um Worte, sondern um Geschichte und Gegenwart eines ganzes Landes. Ich tue also, was ernsthafte Reisende immer tun, bevor sie aufbrechen: Ich fange an, alles zu lesen, was mir zu meinem Reiseziel in meine Nachwende-Finger kommt.

4 Was ist der Osten?

Ich liege auf dem Boden. Beine auf der Couch, Arme zur Seite ausgestreckt, Kopf auf dem Kissen und auf dem Kopf ein Buch, weil ich hoffe, dass sein Inhalt einfach in mein Gehirn fällt und alles ein bisschen schneller geht. Um mich herum herrscht Chaos. Bücher, Textmarker, Teebeutel, Tassen, noch mehr Bücher. Von draußen höre ich Hunde bellen, die (hoffentlich) zu Menschen gehören, die die Promenade entlanglaufen, dahinter rauscht die Ostsee. Ich bin ans Meer gefahren. Nach Heringsdorf auf Usedom. Der Osten und ich sollen ein bisschen Zeit für uns haben.

Ich fange hier an, mich durch Romane, Sachbücher, wissenschaftliche Studien zu arbeiten. Durch Essays, Reportagen, Kommentare der vergangenen Jahrzehnte und bis heute. Mittlerweile erscheinen fast täglich neue – oft sehr gute – Analysen über den Osten.

Der Osten wurde schon oft erklärt, und das stets aus verschiedenen Blickwinkeln. Es gibt Bücher, die sich darauf fokussieren, was in der DDR alles schieflief, neben anderen Büchern, die betonen, dass in der DDR nicht *alles* schieflief. Daneben die Identitätsliteratur, in Sachbuch- und Romanform, die sich damit beschäftigt, als ehemalige DDR-Bürger zu sich selbst zu finden. Und Dutzende Bücher und Artikel, die versuchen, den Osten zu erklären – für die Ostdeutschen, aber auch alle anderen.

Doch eine Frage war dabei bisher kaum im Blick: Gibt es ein Ostdeutsch-Sein ohne das unmittelbare Erleben der DDR?

Das mit der metaphysischen Beziehung zwischen meiner Stirn und den Buchseiten scheint nicht zu funktionieren. Schade. Ich wälze mich auf den Bauch, das Buch fällt runter (wenigstens auf die Schwerkraft ist Verlass), und ich ziehe meinen Laptop heran. Der Bildschirm meines Laptops ist zu klein für die vielen ungeordneten Gedanken. Ich bin schon beim Dokument »Ohne Titel 8« angekommen. Wo »Ohne Titel 7« hin verschwunden ist, weiß ich nicht. Aber eine Datei hat sogar schon einen Namen: »Zahlen«. Die öffne ich. Und denke wieder einmal an meinen Vater. Weil ich mich frage, wie er sagen kann, dass es keine Unterschiede gebe zwischen Ost und West.

Geld.

- Ostdeutsche Arbeitnehmer erhalten pro Jahr im Schnitt fast 5000 Euro weniger (brutto) Lohn als Arbeitnehmer im Westen. Und arbeiteten im Schnitt 56 Stunden pro Jahr mehr. (2018)
- Sechsstellige Erbschaften kommen im Westen fast dreimal so häufig vor wie im Osten: 7 Prozent der Ostdeutschen erben mehr als 100 000 Euro, bei den Westdeutschen sind es 19 Prozent. (2017)
- In Hamburg und Bayern will jeder Vierte mindestens eine Viertelmillion Euro vererben. In Sachsen-Anhalt jeder Siebzehnte. (2017)*

* Die Quellangaben zu diesen und den nachfolgend zitierten Studien finden sich am Ende des Buches.

Wenn meine Eltern und ich über ihr Alter reden – immer halb im Scherz, wie man über die Dinge redet, von denen man weiß, dass sie kommen, es aber eigentlich nicht glauben kann –, sagt meine Mutter zu mir: »Spar schon mal für uns, Schatz!« Und ich antworte: »Mama, bitte spart selbst, ich muss schon für mein eigenes Alter sparen.« Dann lachen wir, mit einem etwas schalen Beigeschmack.

Einige westdeutsche Freunde von mir sind jetzt, mit um die 30, in Eigentumswohnungen gezogen, die ihnen ihre Eltern bezahlt haben. Ich saß mit 26 Jahren das erste Mal bei einer Bank, um mich nach einer privaten Altersvorsorge zu erkundigen.

Viel Geld.

- Kein einziges ostdeutsches Unternehmen ist im Deutschen Aktienindex (DAX) gelistet. (2019)
- Nur zwei ostdeutsche Unternehmen zählen zu den 100 größten Firmen der Bundesrepublik. (2016)
- Von den 40 steuerstärksten Kommunen liegen 39 in Westdeutschland. Von den 40 steuerschwächsten Kommunen befinden sich 36 in Ostdeutschland. (2019)
- Die Wirtschaftskraft des Ostens liegt bei 75 Prozent des West-Niveaus. Mit Berlin. (2018)

Eine Freundin aus Magdeburg ist nach Westdeutschland gezogen, weil ihr Freund Wirtschaftsingenieur ist. Ein Bekannter ist ein Wissenschaftler aus Baden-Württemberg und hat zehn Jahre in Magdeburg gelebt, jetzt geht er nach Münster. Für beide gibt es im Osten keinen Job.

Neulich war ich in einem kleinen Dorf bei Schweinfurt und traf einen 18-Jährigen, der mir erzählte, dass er mit seinem Ferienjob in acht Sommerwochen bis zu 5000 Euro verdienen könne. Bei welchem der mehreren Großunternehmen in der Gegend er das tue, könne er sich eigentlich aussuchen. Ich wüsste nicht von solchen Ferienjobmöglichkeiten in Magdeburg, ich ging kellnern.

Macht.

- 1,7 Prozent der Spitzenpositionen auf Bundesebene sind von Ostdeutschen besetzt (wie Minister, Chefredakteurinnen, Staatssekretäre, Richterinnen, Rektoren, Generäle, Geschäftsführerinnen von Großunternehmen) – bei einem Bevölkerungsanteil von 17 Prozent. (2016)
- Im Osten selbst ist knapp jede vierte Führungskraft ostdeutsch (23 Prozent), bei einem Bevölkerungsanteil von 87 Prozent. (2016)
- Es gibt 190 DAX-Vorstandsposten, 336 Bundesrichterinnen und 60 Staatssekretärinnen der Bundesregierung. In allen drei Bereichen kommen jeweils 3 Menschen aus dem Osten. (2015)

Immer wieder erzählen mir Ostdeutsche, die älter sind als 50 Jahre: »Der Kapitalismus ist genauso skrupellos, wie sie es uns im Staatsbürgerkundeunterricht angekündigt haben.« Ich höre so oft die gleichen Erzählmuster, dass ich mich frage: Wie können Leute annehmen, dass 40 Jahre in einem anderen System keine eigene Identität erzeugen?

Eine Taxifahrerin erzählte einmal einem Freund von mir, was sich aus ihrer Sicht nach dem Systemwechsel geändert hat: »In der DDR konntest du deinem Chef sagen, was du willst, musstest aber gegenüber den Politikern deine Klappe halten.« Heute sei es umgekehrt. Was davon schlimmer sei, wisse sie auch nicht.

Vielen scheint das heutige System immer noch fremd zu sein. Zu wenige Ostdeutsche haben »es geschafft«, zu wenige können Vorbilder sein.

Zukunft.

- Seit der Wiedervereinigung hat der Osten 1,2 Millionen Einwohner verloren (2019). 2017 war das erste Jahr seit der Wiedervereinigung, in dem mehr Menschen vom Westen in den Osten zogen als umgekehrt.
- Vor der deutschen Teilung hat sich die Bevölkerung von Ost- und Westdeutschland nahezu parallel entwickelt. Heute leben in Westdeutschland so viele Menschen wie nie zuvor, in Ostdeutschland so viele wie 1905. (2019)

Vor einer Weile fuhr ich mit meinen Omas ins Kino, eine halbe Stunde in die nächstgrößere Stadt. Nach dem Film spazierten wir in das Gebäude gegenüber, das von außen wie ein Einkaufszentrum aussah. Aber drinnen war alles kahl, fast alle Geschäfte hatten dichtgemacht. Es wirkte traurig. Eine meiner Omas sagte: »Brauchen sie sich nicht wundern, dass alle wegziehen, wenn sie alles zumachen.«

Es stand für mich nie zur Debatte, nach meinem Schulabschluss in Magdeburg zu bleiben. Nicht, weil es Magdeburg war. Sondern weil ich dachte, nach der Schule verlasse man halt seine Heimatstadt. Erst als ich in München lebte, merkte ich, dass das gar nicht überall so üblich ist. Da traf ich so viele Leute, die dort aufgewachsen waren und ganz selbstverständlich geblieben sind.

Mit einem Schwung mache ich meinen Laptop zu. Ich schnappe mir die Zettel und räume sie auf den Küchentisch, schmeiße die Stifte hinterher, die Teebeutel in den Müll, und die benutzten Teller kommen in den Geschirrspüler. Nach und nach verschwindet alles vom Boden, was dort nicht hingehört. Ein bisschen Ordnung schaffen, ein bisschen Klarheit.

Natürlich gibt es noch Unterschiede zwischen Ost und West. Natürlich wirken die sich auf Menschen aus, natürlich auch auf die jungen Leute und ihre Lebensumstände.

Ich habe keinen Grund, mich zu beschweren. Ich hatte eine sehr gute Kindheit und habe heute alle Möglichkeiten. Mir geht es gut. Und trotzdem: *Natürlich* haben die Zahlen auch mit mir zu tun.

Zahlen sind immer eine Verallgemeinerung, die nie auf alle zutreffen kann. Trotzdem muss man mit ihnen hantieren, wenn man nicht nur über die eigenen Probleme, sondern die der Gesellschaft sprechen will.

Schon oft wurde ich gefragt: »Was bringt es, über Ost und West zu reden? Es gibt doch auch Unterschiede zwischen dem Norden und dem Süden!« Das stimmt. Aber beim nächsten Mal werde ich in dieser Situation sagen: Schaut doch bitte gern auf diese Differenzen, und lasst uns ergründen, woher sie kommen. Aber die Unterschiede zwischen Ost und West zu beleuchten ist genauso legitim, relevant, interessant. Legitim, weil sich in so vielen ökonomischen, politischen, sozialen Daten noch immer die innerdeutsche Grenze nachziehen lässt. Relevant, weil die Frage, wie das sein kann, seit den AfD-Erfolgen eine neue politische Dringlichkeit hat. Interessant, weil beide Teile Deutschlands eben 40 Jahre lang getrennte Staaten waren.

Aber auch seit 30 Jahren wiedervereint sind. Da sollte man doch schlicht neugierig sein, wie sie sich jeweils entwickeln.

Die Vorstellung, dass sich die Unterschiede zwischen Ost und West recht bald erledigt hätten, existiert bereits seit der Wiedervereinigung. Doch genauso lange weisen Menschen darauf hin, dass dem nicht so ist. Seit fast 20 Jahren betonen Ost-Expertinnen zudem, dass man die Nachwendezeit in den Blick nehmen müsse.

Vor allem in den Medien mit starkem Ostbezug gibt es schon seit vielen Jahren immer wieder Artikel über die wirtschaftliche Talfahrt im Osten, die in Teilen perspektivlose Jugend, das sich radikalisierende Denken, die ansteigende Wut. »Da braut sich etwas zusammen im Osten«, steht im Jahr 2006 im *Neuen Deutschland.* »Dieses Gefühl der Ohnmacht und Nichtbeachtung schürt eine schwelende Wut«, in der *SuperIllu* im Jahr 2009. »Ostdeutsche sehen für sich in der Heimat keine Zukunft«, in der *Berliner Zeitung* im Jahr 2005. Und daneben schafften es natürlich auch mal derartige Artikel in die restliche Presselandschaft – manchmal sogar abseits der Herbstjubiläen (»Das Weggucken in Sachen Ostdeutschland findet im Kollektiv statt«, schrieb der *Spiegel* im April 2004).

Und doch ist es ein bisschen, als gäbe es einen eigenen Ost-Kosmos. Einen Kosmos mit vielen Sternen, Querverbindungen und vielen Erklärungen, aber der Westen ist ein autark funktionierendes Paralleluniversum, in dem nicht viel davon ankommt – oder dem das (Stern-)schnuppe ist.

* * *

Heringsdorf ist ein kleiner, beschaulicher Ort, der sich am Strand entlangzieht. Restaurants, Geschäfte, Hotels, viele Banken und Bänke reihen sich aneinander, für viele Touristen im Hochsommer. Daneben gibt es natürlich den Strand, der angenehm leer ist, weil keine Saison ist. Und eine Seebrücke, von der aus man jene beobachten kann, die trotzdem hier sind und sich an den Wellen erfreuen. Ich gehe viel spazieren und vergesse dabei oft fast, dass ich ja in Mecklenburg-Vorpommern bin, in Ostdeutschland. Es ist eben ein sehr touristischer Ort, touristische Orte gleichen sich irgendwann anderen touristischen Orten an. Aber einmal telefoniere ich mit einer meiner Omas. Die erzählt mir begeistert, dass sie schon hier gewesen ist. Vor vielen Jahren – im Osten. Sie kann sich sogar an die Seebrücke erinnern. Heringsdorf war, so berichtet sie mir, zu DDR-Zeiten ein beliebtes Reiseziel, ein Sehnsuchtsort. Hier standen riesige Ferienanlagen für Urlauberinnen aus dem Land, aber es waren trotzdem nie genug. Deswegen gab es lange Wartelisten. Meine Oma kann mir noch genau erzählen, wie lange sie gewartet hat, wo sie genau war und mit wem.

Das finde ich irgendwie verrückt. Ich bin schon auf anderen Kontinenten gewesen, habe schon Vulkane bestiegen, aber war noch nie hier auf Usedom. Ist es gerade typisch ostdeutsch, möglichst weit wegzufahren? Weil man das früher nicht konnte? Oder wäre es typisch ostdeutsch, wenn ich jeden Sommer nach Usedom käme?

Eigentlich komische Fragen, aber ich merke, dass ich die ganze Zeit nach einer Definition suche, was typisch ostdeutsch ist. Was Ostdeutsch-Sein eigentlich heißt. Das werde ich auch immer von anderen gefragt.

Die Antwort ist nicht leicht. Sogar jede Studie definiert ostdeutsch anders. Einige Untersuchungen gehen nach dem Wohnort, andere danach, in welchem Landesteil man aufgewachsen ist, wieder andere danach, wo man vor 1990 die längste Zeit seines Lebens verbracht hat. Nach manchen Definitionen wäre Angela Merkel keine Ostdeutsche, weil sie in Hamburg geboren ist. Diese ein, zwei markanten Sätze, auf die sich alle einigen können, habe ich nirgends gefunden. Das macht die Studien nicht unwissenschaftlich – sie haben nämlich einen Methodenteil, in dem sie genau erläutern, was sie in ihrer Untersuchung mit ostdeutsch meinen. Nur reden auch abseits solcher Studien alle ständig über die Ostdeutschen. Aber ich habe noch nie gehört, dass einem Tagesschau-Beitrag so ein Methodenteil vorangestellt gewesen wäre.

Was allerdings in Analysen und Büchern, die sich mit den Ostdeutschen beschäftigen, immer wieder auftaucht, ist die Umbrucherfahrung.

Aber wenn es das ist, was die Ostdeutschen ausmacht, gehöre ich nicht dazu. Oder?

Mein Textprogramm und ich legen eine Pause ein. Zurück in meiner Wohnung setze ich mich in die Küche. Ich probiere es jetzt mit etwas Handfestem, um meine Gedanken zu ordnen. Vor mir liegen Dutzende Zettel in Grün, Gelb, Orange. Auf ihnen habe ich Definitionen, Zahlen, Schlagworte notiert. Ich nehme den ersten in die Hand, auf dem »Migranten?« steht.

Auf den Begriff stoße ich immer wieder, und ich denke viel darüber nach. Dahinter steht die These, dass Ostdeutsche in einigen Bezügen eigentlich wie Migranten seien.

Die einen haben ihr Land verlassen, die anderen wurden von ihrem Land verlassen. So sagte es die Integrationsforscherin Naika Foroutan in einem Interview mit dem ostdeutschen *taz*-Redakteur Daniel Schulz im Frühsommer 2018. Beide Gruppen teilen laut Foroutan die Erfahrungen von Heimatverlust, Fremdheitsgefühlen und Abwertungserfahrungen. Ganz neu ist die Analogie nicht. Die Autorin Kübra Gümüsay beispielsweise schrieb im Jahr 2013 in der *ZEIT*, dass sie das Gefühl habe, Ostdeutsche könnten nicht nur verstehen, was es bedeute, in Deutschland in einer Minderheitsposition zu sein – sondern sie könnten es sogar mitfühlen. Sie wären ebenfalls dem »anderen Blick« ausgesetzt. Kübra Gümüsay berichtet von einer Freundin aus Mecklenburg-Vorpommern: »Wenn ich ihr von Beschimpfungen und abwertenden Blicken gegenüber mir als Muslimin und Deutschtürkin erzählte, erzählte Jette mir von den Bananen-Witzen und Nazi-Anspielungen. Wir beide, Jette und ich, hatten den Muselmanen und den Ossi gemeinsam.«

Naika Foroutan hat die These erforscht. In der im Frühjahr 2019 veröffentlichten Studie des Deutschen Zentrums für Integrations- und Migrationsforschung wurde untersucht, wie Ostdeutsche und Migranten in der Gesellschaft wahrgenommen werden – und wie sie sich selbst wahrnehmen. Eines der Ergebnisse: Ostdeutsche fühlen sich ähnlich benachteiligt wie Migranten.

In vielen Überschriften von Artikeln, die über diese Studie berichteten, stand allerdings: »Ostdeutsche benachteiligt wie Migranten«. Doch diese Verkürzung entstellt die Ergebnisse – denn sie beruht auf persönlichen Einschätzungen, nicht auf Tatsachen. Denn Tatsache ist natürlich, dass Menschen mit sichtbarer Migrationsgeschichte viel mehr und viel heftigeren Diskriminierungen ausgesetzt sind als weiße Ostdeutsche.

Das ist auch der Grund, warum ein Fragezeichen auf meinem Klebezettel steht. Ich finde die Analogie spannend. Und ja, es scheint Parallelen zu geben. Aber so ein Vergleich droht auch mal eben Rassismus zu verharmlosen. Deswegen muss man zumindest vorsichtig mit ihm sein.

Ich lege den Zettel zurück und schaue auf die anderen. Auf einigen stehen Zitate, die ich mir herausgeschrieben habe. Entstanden seit der Wende. Ich bewege sie über den Tisch hin und her, hoch und runter, rechts, links, bis immer zwei nebeneinanderliegen. Wie ein Memory-Spiel, in dem ich Jahrzehnte zusammenschiebe.

Die Kärtchen stehen für leere Versprechen und hohe Erwartungen, für Übereinander- statt Miteinanderreden. Für eine West-Perspektive, die mit der ostdeutschen wenig gemein hat. Sie stehen dafür, wie heute alles viel offener daliegt als in der Anfangszeit des geeinten Deutschlands.

- »Die meisten Westdeutschen haben noch nicht verstanden, was eigentlich wirklich im Osten nach 1990 passiert ist. Noch einmal: Von einem Tag auf den anderen änderte sich hier alles.« – Die Sächsische Integrationsministerin Petra Köpping, 2018.
- »Auch aus der subjektiven Sicht ist es demnach der Bundesregierung gelungen, den wirtschaftlichen Transformationsprozess sozial abzufedern und abzusichern.« – Die Bundesregierung, 1994.

- »Ich wundere mich darüber, dass sich viele darüber wundern, wie wenig tief die Wurzeln der Demokratie ins ostdeutsche Erdreich eingedrungen sind.« – Der ostdeutsche frühere Bürgerrechtler Frank Richter, 2018.
- »In einem gemeinsamen Sozialstaat wird keiner ungeschützt bleiben.« – Der westdeutsche damalige Bundesarbeitsminister Norbert Blüm, 1990.
- »Und dann im Spätsommer 2015: ›Wir schaffen das.‹ Wie bitte? Wer ist hier wir?« – Der ostdeutsche Kultursoziologe Wolfgang Engler, 2018.
- »Ich akzeptiere nicht, dass erneut der Osten bestimmt, wer in Deutschland Kanzler wird. Es darf nicht sein, dass die Frustrierten über das Schicksal Deutschlands bestimmen.« – Der damalige bayerische Ministerpräsident Edmund Stoiber, 2002.

Ich finde, je länger man darüber nachdenkt, desto weniger kann Zeit ein Argument sein. Egal für was. Und erst recht nicht dafür, dass es mit irgendwas mal gut sein sollte. Wenn man ein Jahr ins Ausland geht, fühlt sich das beim Abschied wie zehn Jahre an und bei der Rückkehr wie ein Tag. Wenn man 45 Minuten mit dem Fahrrad nach Hause fahren muss, kann das sehr lang sein. Wenn man dabei das »Best of«-Album der Ärzte hört, ist es sehr kurz. Wir können etwas ewig herbeisehnen und doch überrascht sein, wenn es schon morgen ist. Wir können fühlen, dass etwas lange her ist, und gleichzeitig wissen, dass es gestern war. Zeit rinnt uns allen durch die Hände, wir reden ständig über sie und können sie doch nicht fassen.

Also, was sind eigentlich 30 Jahre?

* * *

Nach eineinhalb Wochen in Heringsdorf bin ich mir mit meinem Befund recht sicher.

Ich bin auf dieser Insel der einzige Mensch unter 50 Jahren. Der einzige ohne Partner im ähnlichen Trenchcoat. Und der einzige mit Laptop. Gestern Abend wollte ich unter Leute gehen, wie man das so sagt. In einem Laden wurde ich offiziell rausgeschmissen, als ich nichts essen wollte, ich vermute jedoch, dass mein Laptop das Ambiente kaputt gemacht hat. Im nächsten Laden gab's wegen des Ambientes nur romantischen Kerzenschein. Nachdem ich mein Buch eine Stunde hochgehalten hatte, um im Kerzenschein wenigstens ein bisschen etwas erkennen zu können, und fast einen Muskelkrampf bekam, entschied ich, dass ich es in der Wohnung doch ganz okay finde.

Deswegen sitze ich heute Abend mit einem Rotwein in der Küche. Aus Rebellentum habe ich überall Licht und ganz laut Feine Sahne Fischfilet angemacht (die kommen immerhin aus Meck-Pomm). Von meiner Küchenbank aus kann ich auf die Ostsee blicken. Einem Freund aus Berlin habe ich gerade für heute abgesagt, weil ich »am Meer« sei. Jetzt stellt er sich vielleicht vor, wie ich an einem weißen Sandstrand unter wolkenlosem Himmel sitze, und ahnt nichts von der Fensterfront zwischen mir und dem Wasser.

Wir hantieren ständig mit Begriffen, die dann Bilder in unseren Köpfen auslösen. Meistens sprechen wir nicht darüber, ob das eigentlich die gleichen Bilder sind.

Auch Menschen, die noch nie am Meer waren, haben wohl eine Vorstellung davon, was das ist, wie das aussieht, wie das riecht. So wie ich eine Idee davon habe, wie gut die Pizza in Neapel schmeckt, obwohl ich noch nie da war. Realität wird nicht nur durch unser eigenes Erleben konstruiert. Sonst könnten wir uns ja über gar nichts unterhalten außer über das, was direkt vor unseren Fenstern passiert. Wir erschaffen uns unsere Welt durch Dinge, die wir von anderen erfahren.

Ich schaue wieder auf den Küchentisch, der gerade meine ganze Realität ist. Auf einem Zettel steht groß, zweimal unterstrichen: »MEDIEN«.

Wer noch nie bewusst eine ostdeutsche Person getroffen hat, der hat oft trotzdem eine Idee davon, wie Ostdeutsche sind – hat die Schublade im Kopf, auf der *Ossi* steht. Und die ist meistens auch dann gefüllt, wenn man noch nie in dem Landesteil war. Mit Dingen, die man mal in der Zeitung gelesen oder im Fernsehen gesehen hat. Medien haben einen entscheidenden Einfluss darauf, wie wir die Welt wahrnehmen.

Das Bild der Ostdeutschen wird von Medien nicht nur *ab*gebildet, sondern auch *mit*gebildet. Wie sah er also aus, der Ossi im Wandel der Zeit?

Nach der Wende wurden Ostdeutsche in den Medien vor allem mit negativen Stereotypen beschrieben. Demokratieunfähig, autoritätsgläubig, rückständig, spießig. So beschreibt es der Sozialwissenschaftler Thomas Ahbe, der die Darstellung der Ostdeutschen in den Medien seit Jahrzehnten erforscht. Das erste eindrückliche und bleibende Bild sei laut ihm das vom »selig-blöden Ossi mit der Banane« gewesen. Solche krassen Zuschreibungen werden heute nicht mehr aufgeschrieben, aber sie prägten nachhaltig das Denken der Leute.

Und es wird noch immer anders auf Ostdeutschland geschaut. Das hat man zum Beispiel an der Berichterstattung nach der Bundestagswahl 2017 gesehen.

Die Medien suchten Erklärungen für den Erfolg der AfD. Ihr bestes gesamtdeutsches Zweitstimmen-Ergebnis erhielt die Partei in Sachsen mit 27 Prozent, ihr bestes westdeutsches in Bayern mit 12,4 Prozent. Was mir bei der Berichterstattung über den AfD-Erfolg in Bayern und *im Osten* (der oft zusammengefasst wurde) auffiel, war die unterschiedliche Herangehensweise. In den Ost-Analysen wurde vorrangig gefragt: Was ist mit *den Ostdeutschen* los? In den Bayern-Analysen jedoch: Was hat die CSU falsch gemacht? Einmal ging es um Parteipolitik, einmal um Psyche. Einmal klang es also nach einem Fehler der Politikerinnen, einmal nach einem der Wähler.

Generell ist sowieso selten von *den Westdeutschen* die Rede. Ostdeutsche hingegen werden sehr oft als eine Gruppe zusammengefasst und angesprochen.

Das passiert schon dadurch, dass *ostdeutsch* ein oft verwendetes Attribut ist, *westdeutsch* hingegen nicht. Oft wird von *Deutschland* gesprochen, wenn eigentlich *Westdeutschland* gemeint ist. Egon Krenz? Ostdeutsche Geschichte. Helmut Schmidt? Deutsche.

Der ostdeutsche Sozialwissenschaftler Daniel Kubiak formulierte das einmal so: »Es gibt immer eine unsichtbare Norm, die das Normale darstellt. Das Normale ist in diesem Kontext das Westdeutsche. Und die Abweichung vom Normalen, die ist es, die benannt wird.« Also: der Osten.

Hinzu kommt, die Medienlandschaft ist sehr westdeutsch geprägt. Alle überregionalen Medien haben ihren

Hauptsitz im Westen. Auch Journalistinnen sind in der Mehrzahl Westdeutsche. Vom Westen aus wird auf den Osten geblickt. Über den Osten wurde lange – und wird oft noch immer – vor allem dann berichtet, wenn ein Jubiläum ansteht, es um die AfD oder in irgendeiner Weise Abgehängte geht. Auch die beiden letzten Punkte gehören zur ostdeutschen Realität. Aber für alle, die den Osten nur durch die Medien wahrnehmen, entsteht eben der Eindruck, dass Ostdeutschland aus nicht viel mehr besteht.

* * *

Nach diesen Tagen in Heringsdorf habe ich das Gefühl, ein bisschen mehr von den gedanklichen Reisen verstanden zu haben, die vor mir gemacht wurden. Gleichzeitig haben sie mir Mut für meine eigene gemacht. Denn ich habe nicht nur gemerkt, dass die Stimmen aus meiner Generation noch wenig im Ost-Kosmos vertreten sind. Sondern ich habe auch bemerkt, dass sie fehlen. Denn ich glaube, unser Blick auf die ostdeutsche Geschichte ist ein anderer. Er ist unbeschwerter.

Ich habe keine Erinnerung an die DDR und keine Angst vor den Vorwürfen, ich würde sie verklären. Man kann mir keine Verantwortung für die Existenz dieses Staates zuschieben, deswegen fühle ich keinen Rechtfertigungsdruck. Ich schaue unbefangener auf diese Zeit. Aber gleichzeitig ein wenig parteiisch, weil ich das Kind meiner Eltern bin. Nach der DDR sehne ich mich nicht zurück, natürlich nicht – aber ich fühle mich auch nicht in der Verantwortung, in jedem zweiten Halbsatz alles verurteilen zu müssen, was jemals in diesem Staat existierte. Und die

Nachwendezeit? Die habe ich erlebt, aber sie hat mich auch nicht voll erwischt.

Vielleicht habe ich, haben wir als Nachwendegeneration den nötigen Abstand – zeitlich und emotional –, um in Worte zu fassen, wofür unseren Eltern noch die Worte gefehlt haben – und zwar so, dass sie alle verstehen und auch wahrnehmen. Ein paar Sternschnuppen müssen es rüber schaffen.

5 Massive temporäre Sichtbarkeit

An einem der ersten Abende, die sich nach Sommer anfühlen, sitze ich in Berlin vor einer Bar, eher ein Bärchen, und bin etwas nervös. Auf den Gehsteigen vor mir laufen absurd gut gekleidete Menschen entlang, die wirken, als könnten sie noch nach drei Gläsern Rotwein über die Systemtheorie von Niklas Luhmann diskutieren. Um mich herum stehen Altbauten mit perfekt sanierten Fassaden, die, wenn sie sprechen könnten, mich ermahnen würden, den Zahnarzttermin morgen nicht zu vergessen. Die Bäume davor wirken irgendwie perfekt gestutzt.

Ich befinde mich im Prenzlauer Berg. Wenn Deutschland über Gentrifizierung debattiert – die Verdrängung von Alteingesessenen durch Leute, die mehr Geld haben –, dann spricht es über dieses Viertel im Osten Berlins. Früher verfallen, heute will jede hierhin, in das Gebiet der ehemaligen DDR. Ein guter Treffpunkt.

Ich bin mit Jana Hensel verabredet. Seit klar ist, dass ich mich auf diese Reise begebe, ist für mich klar, dass ich mit ihr darüber reden will. Sie ist seit mehr als 15 Jahren eine der prägendsten Stimmen im Ost-Kosmos. Im Jahr 2002, mit 26 Jahren, schrieb sie das Buch *Zonenkinder,* das die Diskussion um die Frage neu entfachte, wie man auf den Osten blicken sollte. Es war das erste Buch eines Wendekindes – so nennt man die Ostdeutschen, die zur Zeit des

Umbruchs Kinder oder Jugendliche waren, die also auch noch bewusst in der DDR lebten. Jana Hensel beschreibt in ihrem Buch, wie es ist, als 14-Jährige in Leipzig einen Systemwechsel erlebt zu haben. Es geht um verschwundene Kindheitshelden, verlorene Strukturen und neue Süßigkeiten. Das Wort »Stasi« taucht genau drei Mal auf. Auch Jana ist damals auf eine Reise gegangen. Ich will wissen, was ihre von meiner unterscheidet.

Ein bisschen lustig ist, dass Janas Buch damals gar nicht als der Beginn einer Debatte gesehen wurde. Sondern als deren Ende. Der Autor Jan Brandt schrieb im Erscheinungsjahr 2002 in der *taz*: »Generationenbücher wie Jana Hensels *Zonenkinder* stehen am Ende einer kulturellen Angleichung. Ost- und Westdeutschland sind heute kaum mehr voneinander zu unterscheiden.«

Jan Brandt hätte wohl nicht auf das heutige Treffen von Jana und mir gewettet.

Jana und ich sind Kolleginnen, deswegen duzen wir uns, aber wir kennen uns kaum persönlich. Jana ist, das weiß ich schon, ein sehr direkter Mensch. Sie lacht nicht, wenn sie etwas nicht witzig findet. Sie sagt freiheraus, wenn sie einen Standpunkt nicht teilt, und bleibt nicht aus Prinzip höflich. Das ist angenehm abwechslungsreich. Aber eben auch ein wenig nervenaufreibend.

Vor mir liegen mein Notizbuch, mein Handy als Aufnahmegerät, meine vorbereiteten Fragen. Die gehe ich gerade noch mal durch, als sie plötzlich neben mir steht und Hallo sagt.

Sie setzt sich mir gegenüber, schaut auf mein Handy, meine Notizen, Fragezettel und schmunzelt ein wenig. Ich bestelle ein Bier, sie einen Riesling trocken. Sie zündet sich eine Zigarette an und blickt mir erwartungsvoll entgegen. Ich lege los. Erzähle ihr von meinem Vorhaben, meinen Ossi-Momenten. Und davon, dass mir von einigen abgesprochen wurde, noch etwas mit dem Osten zu tun zu haben, sogar von meinem Vater. Jana sagt, genauso sei es schon bei ihr gewesen.

»Als *Zonenkinder* erschienen ist, unterstellten mir viele, ich sei zu jung, um über den Osten zu reden, und hätte keine Ahnung«, sagt sie. »Ich habe dann stets erklärt, dass das nicht stimmt, weil die ostdeutsche Geschichte nach 1990 weitergegangen ist.«

»Gibt es etwas, das an der heutigen Debatte anders ist als früher?«, frage ich.

»Damals war das Thema noch nicht so drängend. Man war ökonomisch hoffnungsvoll. Diese brachialen 90er-Jahre lagen zwar hinter einem, aber man hat gedacht, das wird sich schon irgendwie gelohnt haben. Die Angleichung, die wird schon passieren.«

»So hoffnungsvoll kam mir *Zonenkinder* nicht vor, manchmal eher melancholisch«, sage ich.

»Worum es mir in dem Buch und uns Ostdeutschen insgesamt ging, waren ästhetische Fragen. Wir kämpften gegen die Entwertung unserer Biografien. Gegen das brutale Überschreiben aller Komplexität aus der DDR-Erfahrung. Es gab einfach bei unglaublich vielen Leuten das Bedürfnis, anders zu sprechen, jemand anderes zu sein, als jemand anderes angeschaut zu werden. Damit verband sich damals, aber auch die Hoffnung, dass man in diesen Punkten nicht mehr hinter den damaligen Status quo zurückfallen würde.«

»Hat das funktioniert?«

»Wir sind nicht zurückgefallen. Aber wir sind auch kein Stück weitergekommen.«

»Was bringt dann das ganze Erklären des Ostens überhaupt?«

»Die Ostdeutschen merken, dass man über sie spricht. Man macht das nicht im luftleeren Raum.«

»Und doch sind gefühlt seit 25 Jahren alle Erklärungen da. Aber es ist so wenig passiert.«

Jetzt klinge ich nicht sehr hoffnungsvoll.

»Weil zwischen 2004 und 2015 das Ost-Fenster zu war. Der Westen dachte: Na ja, jetzt habt ihr doch eure ostdeutsche Bundeskanzlerin und sanierte Straßen. Was wollt ihr denn noch? Aber das hat sich in den letzten Jahren geändert.«

Ich beobachte, wie Jana spricht. Man merkt, wie wichtig ihr das Thema noch immer ist. Alles, was sie sagt, wirkt von ihr durchdrungen und durchfühlt. Wenn sie etwas ärgert, liegt wirklich Wut in ihrer Stimme. Wenn sie lacht, dann raumfüllend.

Genauso war sie auf der Bühne, als ich vor einigen Wochen eine Lesung von ihr und Wolfgang Engler besuchte. Gemeinsam mit dem ostdeutschen Kultursoziologen hat sie das Buch geschrieben *Wer wir sind. Die Erfahrung, ostdeutsch zu sein*. 100 Leute waren da. Als Jana einmal von der Bühne aus sagte, die Unterschiede zwischen Ost und West erkenne man sogar an der Anzahl der Tennisplätze, lachten alle. Ohne dass sie ausgesprochen hat, wo es weniger sind. Am Ende meldete sich ein Mann, um die 60 Jahre alt, der Jana sagte, dass er davon ausgehe, dass sie die neueste Arbeit über die Treuhand gelesen habe, um zu wissen, was sich in diesem Land abgespielt habe. Dann korrigierte er sich: »In *Ihrem* Land. Ich bin typischer Wessi.« Lautes Gelächter. Er rechtfertigte sich, er habe schon immer ein großes Interesse an der DDR gehabt und sei Jurist: »Ich denke, ich habe eine Menge Ahnung.«

Es ist 22 Uhr. Jana und ich müssen die Straßen des Prenzlauer Bergs verlassen und in die Bar ziehen, weil die Nachtruhe hier mittlerweile geachtet wird. Ich steuere den hinteren Raum an, sie den Tresen. Nur hier vorne könne man rauchen, erklärt sie. »Ach, hier drin kann man rauchen?«, frage ich. »Denkst du, ich gehe mit dir in eine Nichtraucherbar?!«, antwortet Jana. Raumfüllendes Lachen. Immer wenn ich seitdem darüber nachdenke, dass ich das mit dem Rauchen ganz lassen sollte, denke ich an diesen Moment und überlege es mir anders. »Wie würdest du ›ostdeutsch‹ definieren?«, will ich von Jana wissen, am Tresen.

»Das ist natürlich kompliziert, und es geht auch letztlich nicht. Aber die ostdeutsche Erfahrung ist das, was man in diesem totgesagten Raum dann halt doch erfahren hat. Ost und West sind nicht nur so lange anders gewesen, wie es die DDR gab. Sondern sind es auch in der Zeit danach. Die Menge der auf diesem Raum gemachten Erfahrungen und des dort erfahrenen Wissens machen die ostdeutsche Identität aus.«

»Überrascht es dich, dass ich mich auch noch als Ostdeutsche fühle?«

»Nein, überhaupt nicht.«

»Wie findest du das?«

»Mich freut das. Ostdeutschland muss als Sozialisationsraum etabliert werden.«

»Das Problem ist: Mit jedem *Wir* machst du ein *Ihr* auf.«

Auf der Suche nach so etwas wie einer Verbündeten klopfe ich die Gegenargumente ab, die ich immer wieder höre.

»Das Argument kenne ich, das begegnet mir seit vielen Jahren. Ich sage: ›Nee, ich mache die Spaltung, die ihr tagtäglich produziert, nur sichtbar. Und warum mache ich sie sichtbar? Weil ich sie überwinden will. Ich habe gelernt, ich kann sie nicht überwinden, wenn ich sie ignoriere. Wenn ich sie nicht thematisiere, geht sie nicht weg.‹«

»Ich finde es immer wieder erstaunlich, festzustellen, wie viele Leute sich bereits auf ähnliche Weise über den Osten Gedanken gemacht haben.«

»Debatten wiederholen sich. Im Kern geht es um die Forderung, gesehen, mit seinen Geschichten inkludiert, politisch irgendwie wahrgenommen zu werden. Es gibt die ostdeutsche Erzählung schon lange, aber sie erreicht immer nur Einzelne, nie die Mehrheit. Jede Art von Parallelerzählung, Nebenerzählung, anderer Erzählung schafft es nur wahnsinnig schwer in die Geschichtsbücher hinein. Das ist bei der Geschichte der Frauen so, der Geschichte der Deutschen mit Migrationshintergrund und auch bei der Geschichte der Ostdeutschen.«

Deswegen halte auch ich solche Diskurse für wichtig: um die Parallelerzählung sichtbar zu machen. Jana formuliert es so: »Unsichtbarkeit ist das Ziel. Aber Unsichtbarkeit ist nur zu erlangen über massive Sichtbarkeit. Massive temporäre Sichtbarkeit.«

Jana macht eine kleine Bewegung in Richtung Kellner. »Gießt du noch mal auf, bitte?« Wir sprechen an diesem

Abend, laut meiner Getränkerechnung zwei große und drei kleine Bier und sehr viele Zigaretten lang über den Osten. Jana erzählt, wie ihr lange vorgehalten wurde, dass sie Gespenster sehe, wenn sie betone, dass die ostdeutsche Perspektive als gesonderte betrachtet werden müsse. Ständig hätten ihr alle gesagt, dass es vorbei sei mit den Unterschieden. »Manchmal bekam ich das Gefühl, verrückt zu sein«, sagt sie.

Ich muss an ein Gespräch denken, das ich vor langer Zeit mal mit einer gleichaltrigen westdeutschen Bekannten geführt habe. Wir diskutierten über die Wiedervereinigung, und ich stellte in den Raum, dass die auch anders hätte laufen können. Sie schaute mich völlig entsetzt an, wie man ein Kind anschaut, das mit seinen neuen Sachen in eine Schlammpfütze springt. Sie betonte, das sei ein einmaliger Vorgang gewesen, ein historischer Mammutakt. Da habe man nun einmal keine Zeit gehabt, sich darum zu kümmern, dass man Dinge wie das Kinderbetreuungssystem aus dem Osten hätte übernehmen können. Sie war so überzeugt von ihrem Standpunkt, dass ich mich verunsichern ließ und das Gefühl bekam, etwas Dummes gesagt zu haben.

Erst mit einigem Abstand – und vielen Gesprächen mit Freundinnen – realisierte ich, dass das nicht stimmt. Ihre Argumente waren nicht falsch. Aber: meine ebenso wenig. Fragen sind fast immer berechtigt. Ihre Reaktion ist für mich mittlerweile ein erster Hinweis darauf, was viele junge West- und Ostdeutsche unterscheidet. Sie hält die Frage, ob die Wiedervereinigung richtig gelaufen ist, für unnötig, dumm und vielleicht sogar undankbar. Ich will sie stellen. Weil sie mehr als mein halbes soziales Umfeld betrifft.

Ich erzähle Jana von dieser Begegnung. Danach nimmt sie das einzige Mal während des ganzen Abends das Wort »Kränkung« in den Mund.

»Was mich an solchen Figuren am meisten kränkt: Die zeigen sich so eindeutig als die Kinder ihrer Eltern. Deswegen lassen sich Ostdeutsche auch nicht gern bevormunden von jungen Westdeutschen, die in ihre ostdeutschen Dörfer ziehen und auftreten, als würden sie jetzt einmal den Alten die Demokratie beibringen wollen. So ehrenhaft es ist, wenn sie beispielsweise alte Bauernhöfe sanieren, Straßen ausbauen, auf eigene Initiative Kitas und Grundschulen gründen. Sie bringen trotzdem eine Vorurteilskultur mit. Sie sind geprägt von ihren Eltern und deren Ansichten. Ohne jemals im Osten gelebt zu haben, meinen sie schon vor dem Umzug hierher zu wissen, was schiefgelaufen und veränderungswürdig sei. Und die Alten haben ein Déjà-vu. Weil die Wessis in den 1990er-Jahren über den Osten hergefallen sind und den Leuten dort gesagt haben: ›Das muss so sein, und das müsst ihr so denken.‹ Das machen sie nicht mit.«

Ich frage mich, ob meine westdeutsche Altersgenossin in diesem Moment Jana widersprechen würde. Aber mir leuchtet das alles sehr ein.

Jana spricht weiter: »Früher haben sie gesagt: ›Die waren alle bei der Stasi.‹ Und heute sagt man: ›Das sind alles Nazis.‹ Das ist derselbe Diskurs. Wieder werden alle als homogene Gruppe betrachtet, die negativ belegt wird.«

* * *

Auf dem Heimweg bin ich so betrunken, dass ich kurz davor bin, zu twittern, dass man nie betrunken twittern sollte. Ich laufe betont geradlinig durch die Straßen des Prenzlauer Bergs, die restaurierten Fassaden in Blick, während ich nach meinen Kopfhörern krame und mir das Gespräch noch mal durch den Kopf gehen lasse.

Jana kann nicht nur viel davon erzählen, wie der Osten tickt, weil sie sich seit Langem im Ost-Kosmos bewegt – sondern weil sie die DDR, die Revolution, die Wiedervereinigung, die 1990er-Jahre sehr bewusst erlebt hat. Sie hat die Erfahrung des Umbruchs gemacht.

Auf einer der letzten Seiten von *Zonenkinder* steht: »Doch jetzt sind wir über den Berg. Die ersten zehn Jahre in der Freiheit waren sehr ereignisreich (…) Die nächsten zehn werden ruhiger werden.« Aber wir sind ja nicht über den Berg. Oder? Was heißt denn Berg? Und wann ist man darüber? In Sachsen-Anhalt haben wir vor allem flaches Land und Windräder. Was weiß ich denn von Bergen?

Ich wurde noch nie aus einem System in ein neues gerissen. Habe noch nie alte Wörter bewusst vermisst und war nie von neuen erschlagen.

Die Mitgründerin des Netzwerks *Dritte Generation Ost* Adriana Lettrari-Pietzcker attestierte Wendekindern wie Jana und auch ihr selbst mal eine Transformationskompetenz, weil sie den Wechsel von einem System in ein anderes gemeistert hätten. Meine Transformationskompetenz bezieht sich vorrangig auf meine Pflanzen, und die transformieren auch nicht immer so, wie ich das will. Wenn die Wendekinder und älteren Ostdeutschen die Erinnerung an die DDR und die Erfahrung des Umbruchs teilen – welche Erfahrung teilen dann wir Nachwendekinder? Was unterscheidet mich von Jana? Das habe ich auch sie gefragt, natürlich. Sie meinte, das müsse ich herausfinden.

Die Kopfhörer lagen unter der Brottüte. Endlich Musik, wer braucht Twitter. Ich muss das Lied gar nicht suchen, es ist noch im Player eingestellt, weil ich es schon auf dem Weg zu Jana gehört habe, zur Einstimmung. Aber gerade, ein paar Biere und viele Gedanken später, ist es noch schöner:

Düm, düm, düm, düm.

Steck dir die halbe Tüte Erdnusschips in deinen zuckersüßen Mund.

6 Kling Klang und ich

In dem Alter, als wir schon Abitur hatten und keine Muttizettel mehr brauchten, aber immer noch nicht ganz erwachsen waren, tanzten wir oft in einem kleinen Magdeburger Club, in dem schon meine Eltern tanzten. Ein Fenster habe ich dort nie gesehen, aber man durfte sich Lieder wünschen beim DJ. Jede Woche teilten wir dort Leben und Mischen und tanzten in großen Kreisen, für die man uns heute aus jedem Berliner Club schmeißen würde. Es liefen jede Woche die gleichen Lieder, doch wir sangen sie uns in einer Inbrunst entgegen, als hörten wir sie zum ersten Mal. *Kling Klang* von Keimzeit war immer dabei.

Keimzeit ist eine Band aus Brandenburg, *Kling Klang* spielen sie seit den 1980er-Jahren. 1993 landete das Lied auf Platz 84 der bundesweiten Charts. Die meisten Westdeutschen kennen *Die halbe Tüte Erdnusschips* nicht. Doch das lernte ich erst, als ich nach Berlin zog. Unter ostdeutschen Nachwendekindern ist das Lied bestimmt so bekannt wie 99 *Luftballons*. Dass dem nicht so ist, hat mich damals zwar überrascht. Aber ich tat nichts dagegen. Mein Herz hing nicht an dem Lied, wie mein Herz ja auch nicht an *Wannabe* von den Spice Girls hängt, obwohl ich auch das in dem fensterlosen Club mitsang.

Jetzt habe ich *Kling Klang* wiederentdeckt. Zuerst aus Prinzip, dann weil es verdammt gute Laune macht. Ich höre es beim Denken, beim Nichtdenken, beim jeweiligen Versuch von einem der beiden. Und betrachte es als Mission, das Lied zu verbreiten. Einmal war ich auf einer sehr westdeutschen Betriebsfeier und wünschte es mir so oft beim DJ (alte Gewohnheiten), bis er aufgab und es spielte. Fast keine konnte mitsingen. Aber die paar, die es konnten, hingen sich auf einmal in den Armen, obwohl sie sich halbgut bis gar nicht kannten und unter anderen Umständen vorgaben, seriöse Mitarbeiterinnen zu sein. Sie brüllten: »ZWEIMAL BIS NACH FEUERLAND BITTE!« Das Lied wird zum Soundtrack meiner Reise werden.

Geschrieben wurde es von Norbert Leisegang, dem Sänger von Keimzeit. Als ich irgendwann einmal wieder kling, klang die Straße entlangfahre, beschließe ich, dass ich ihn treffen will. Denn wenn ein Lied im Osten Kult ist, im Westen jedoch nahezu unbekannt, ist das doch bestimmt ein Hinweis darauf, dass in den vergangenen 30 Jahren irgendwo die Ohrenhöhe verloren gegangen ist. Deswegen habe ich in Norbert einen weiteren Verbündeten auf meiner Ost-Reise. Dachte ich.

Am Vormittag vor unserem Treffen laufe ich durch meine Wohnung, sauge, wische, putze und höre dabei wieder Keimzeit, um ein bisschen vorbereitet zu sein. Alles notwendige Recherche. Es ist wirklich verrückt, wie wenig die anderen Lieder der Band bekannt sind. *Kling Klang* wurde bis zu diesem Tag bei Spotify 2,4 Millionen Mal gespielt. Das Lied von Keimzeit, das am zweithäufigsten gehört wurde, ist *Breit* – mit 90 000 Plays.

Als ich mein Soll für den WG-Frieden erfüllt habe, setze ich mich auf den wirklich sehr sauberen Boden und scrolle mich weiter durch Spotify. Am krassesten finde ich, dass das Lied *Sieben Brücken* von Karat etwa 1,3 Millionen Mal angehört wurde. Das gecoverte *Sieben Brücken* von Peter Maffay knapp 4,5 Millionen Mal – mehr als drei Mal so viel. Obwohl die Karat-Version das Original ist.

Peter Maffay kennt jede. Aber kaum einer kennt Silly, Pankow, Holger Biege, City oder eben Karat. Und das trotz so fantastischer Zeilen wie: »Soll unser Kind, das die Welt noch nicht kennt, allezeit ungeboren sein?« Die ist aus *Blauer Planet*. Vor einer Weile saß ich mit einer Freundin in einer Westberliner (ja, tatsächlich) Kneipe, als das Lied lief. Wir jubelten auf und blickten uns an wie zwei Leute, die auf einer Star-Wars-Party endlich die eine andere Person gefunden haben, die den Film noch nie gesehen hat. Man rechnet nicht mal mehr damit, dass jemand die Lieder kennt; dabei kommen wir sogar beide aus Magdeburg.

Auch mir sagte die meiste Musik aus der DDR- oder Nachwendezeit lange nichts. Wie auch? Sie läuft kaum im Radio. Von ihr steht kaum etwas in der Zeitung. Wenn im Fernsehen eine Achtzigerjahre-Show läuft, geht es um Heinz Rudolf Kunze und nicht um die Puhdys. Im Herbst 2018 gab Berlin ein großes Fest mit Bühne vor dem Brandenburger Tor. Nicht eine ostdeutsche Band spielte. Es handelte sich um das Fest zum Tag der Deutschen Einheit.

Ich fühle mich manchmal an den Moment erinnert, in dem ich realisierte, dass die meisten Bücher, die wir in der Schule gelesen hatten, von weißen Männern geschrieben wurden. Je mehr ich darauf achte, desto mehr bemerke ich, dass die Lieder aus der DDR einem kaum zufällig begegnen. Das gilt nicht nur für ostdeutsche Kultur, bei der afrodeutschen, vietdeutschen, deutschtürkischen und vielen anderen Kulturen ist es sicherlich ähnlich.

Das hat alles nichts mit bösem Willen Einzelner zu tun. Da geht es um gewachsene Strukturen: Wir kennen, was wir kennen, und denken meistens nicht darüber nach, was wir nicht kennen – suchen auch nicht danach und verbreiten es nicht.

Die DDR ist nicht nur aus dem musikalischen Bereich verschwunden. Viele Autoren verkauften nach der Wende keine Bücher mehr. Winfried Völlger zum Beispiel, der in der DDR ein Literat mit fast einer Million verkaufter Bücher war – was nicht nur nach DDR-Maßstäben eine Menge ist –, ist heute Straßenmusiker in Leipzig. Und in der Kunstszene tobt schon seit den 1990er-Jahren der sogenannte *Bilderstreit*, eine Debatte, weil ostdeutsche Kulturwissenschaftler kritisieren, dass Kunst aus der DDR nicht als solche anerkannt werde und zu wenig Platz in deutschen Museen finde. In *Zonenkinder* zählt Jana Hensel ihre ostdeutschen Kindheitshelden auf – Alfons Zitterbacke, Ede und Unku oder den kleinen Trompeter – und dann die ihrer westdeutschen Kommilitonen – Pippi Langstrumpf, Asterix und Obelix, Donald Duck. Letztere kennt heute noch jede, Erstere kaum jemand. Auch ich hatte vor meiner Reise noch nie von Alfons gehört.

Es ist ein bisschen, als wäre der kulturelle Fußabdruck eines Landes verschwunden.

Darüber will ich mit Norbert Leisegang reden. Aber das wird sich als schwierig erweisen. An jenem verregneten Mittwochnachmittag stehe ich vor einem Café in Berlin, das er vorgeschlagen hat, und überlege, ob ich ihn duzen soll oder nicht. Fragen, die man sich so stellt, bevor man jemanden trifft, dessen Stimme einen durch ungezählte Jugendabende begleitet hat.

Norbert Leisegang, Jahrgang 1960, macht seit fast 40 Jahren mit Keimzeit Musik zwischen Blues und Rock, mit klugen Texten. Zu DDR-Zeiten haben sie keine Platte aufgenommen, aber waren ständig unterwegs, spielten in Dorfkneipen, Sälen, Scheunen, leer stehenden Gebäuden, einmal sogar im Palast der Republik. Auch nach der Wende tourten sie durch ganz Deutschland und haben seit 1990 zwölf Alben veröffentlicht.

Norbert Leisegang kommt auf einem Fahrrad, das aussieht, als hätte er das schon eine Weile. Er hat buschige Augenbrauen und ein breites Grinsen. Wenn er lacht, bekommt er drei dicke Grübchen auf jeder Seite. Er lacht gern, es wirkt ehrlich. Wir duzen uns dann, der Mann macht schließlich seit Jahrzehnten Rockmusik.

Wir gehen rein und setzen uns an einen Tisch am Fenster. Meine erste Frage habe ich mir gut überlegt. Ich finde sie sehr originell. Ich will von ihm wissen, ob Keimzeit eine Ostband ist. Er wird mir später mitteilen, dass fast jedes Interview mit ihr beginnt. Da mache ich das, was die meisten tun – wobei ich die Scorpions sicherlich nicht als Erstes gefragt hätte, ob sie eine Westband sind.

»Wir kommen aus Brandenburg«, antwortet Norbert. »Insofern komme ich, wenn man Ost- und Westdeutschland aufsplitten mag, aus dem Osten.« Er erzählt, dass sie oft so genannt würden und er sich mittlerweile dran gewöhnt habe. Aber eigentlich nerve ihn diese Zuschreibung. »›Ostband‹ klingt, als ob jemand aus Hannover plötzlich unsere Texte nicht mehr verstehen könnte. Wie bekloppt ist das denn?«

Ich versuche, Norbert Gründe dafür zu entlocken, warum ostdeutsche Kultur heutzutage weniger erfolgreich und anerkannt ist, aber das funktioniert nicht. Denn er bestreitet, dass es dieses Problem gebe. Er zählt auf: Die Band Silly spiele viele Konzerte, auch in Westdeutschland, die Puhdys hätten das vor ihrer Auflösung ebenso getan. »Die sind beleidigt, wenn du ihnen sagst, sie seien nicht erfolgreich«, sagt er. Und sie, Keimzeit, seien auch seit Jahrzehnten unterwegs, da gebe es nun einmal Höhen und Tiefen, das könne man nicht pauschalisieren. »Und dann ist da noch Karat«, redet er weiter. »Die waren mit ihrem Hit *Sieben Brücken* ja auch in Westdeutschland bekannt.«

Ausgerechnet dieses Beispiel.

»Na ja«, sage ich. »Der Hit von Peter Maffay war in Westdeutschland bekannt.«

»Aber dennoch sind sie durch Westdeutschland getourt. Zum Teil schon zu DDR-Zeiten wie die Puhdys und City auch.«

Ich weiß irgendwann nicht mehr, was ich noch sagen soll. Wir sprechen zeitweise kaum über den Osten, dessen Kultur und Akzeptanz, sondern mehr über die Frage, was Erfolg bedeutet – womit man ganze Philosophie- oder Yogastunden füllen kann.

»Mit deinem Laptop hast du Zugriff auf alle Arten von Musik. Stimm ich da mit dir überein?«, fragt er.

»Klar, kann man theoretisch alles hören«, antworte ich. »Aber man muss ja erst einmal wissen, wonach man suchen soll. Ich frage mich, warum alle die Neue Deutsche

Welle kennen, aber kaum einer die ostdeutsche Musik aus dieser Zeit – obwohl sie ja jeder hören könnte.«

»Das stimmt«, antwortet er. »Aber ein Song wird sich seinen Weg bahnen.«

Okay, reden wir von seinem Song, der sich den Weg gebahnt hat. Ich erzähle Norbert, dass ich auch durch *Kling Klang* überhaupt erst merkte, dass es Unterschiede zwischen Ost und West gibt. Erzähle von den jugendlichen Nächten. Er lächelt.

»Hast du damit gerechnet, dass gerade *Kling Klang* so bekannt wird?«, frage ich.

»Nein, es gab keine Singleauskopplung, nichts dergleichen, weil wir keinen Radiosong wollten.«

Er habe das Lied Mitte der 1980er-Jahre geschrieben, aus so einer Fernsucht heraus, als er gerade per Autostopp nach Bulgarien unterwegs gewesen sei. »Ich war ein Reiseheini und habe unterwegs gedacht, wie wäre es, wenn ich denn eben auch mal nach Feuerland in Südamerika reisen könnte. Das ging damals nicht, ein totales Defizit. Aber ich habe nicht viel dabei gedacht. Ich meine, der Refrain ist: ›Kling Klang (…) die Straßen entlang.‹ Einfacher geht es nicht, ne? Beinahe infantil.«

»Eine andere Stelle geht so: ›Bloß von hier weg, so weit wie möglich, bis du sagst, es ist Zeit, wir müssen aus Feuerland zurück nach Hause.‹«

»Ja, das war so. Ich wollte nach den Reisen immer nach Hause.«

»Wieso, glaubst du, ist *Kling Klang* in Ostdeutschland Kult und in Westdeutschland nicht?«

»Es ist ein Phänomen, irgendwie mysteriös. Aber ich muss sagen, mir ist Stulle, ob jemand den Song kennt.

Letztendlich hab ich ihn geschrieben wie alle anderen auch. Jeder Song erobert sich einen anderen Resonanzraum.«

»Kann es mit der Reisesehnsucht zu tun haben, die sich in dem Lied ausdrückt?«

»Möglich. Wobei die Reiselust, finde ich, ist immer schon ein Thema der Menschen gewesen. Egal, ob aus dem Osten oder nicht.«

Unser Gespräch erinnert mich an das mit meinen Eltern. Wir drehen uns ein bisschen im Kreis. Aber ich höre auf, weiter auf meinem Standpunkt bestehen zu wollen – denn erstens stimmt es ja, natürlich ist Keimzeit erfolgreich. Sie bringen alle zwei Jahre ein neues Album heraus, spielen jährlich Dutzende Konzerte. Dass die ostdeutsche Kultur – vor allem der DDR- und Nachwendezeit – bislang trotzdem nicht so anerkannt ist wie die westdeutsche, dabei bleibe ich. Aber ich will nicht, dass Norbert Leisegang in den *Die*-Modus gerät wie mein Vater.

In beiden Gesprächen gab es ein grundlegendes Problem: Ich stelle mich als junge Ostdeutsche hin und behaupte, der Osten werde zu wenig wahrgenommen. Und stülpe das damit auch älteren Ostdeutschen über, die das anders sehen.

Wenn ich bei meinem Punkt bleiben will, müsste ich sie dann auch davon überzeugen, dass ihr Leben, ihre Geschichte, letztlich ihre Person zu wenig anerkannt wird? Habe ich das Recht dazu? Ist das nicht verletzend? Und anmaßend? Oder geht es auch anders?

* * *

Ein paar Stunden nach unserem Treffen sitze ich auf meinem Balkon, schaue in den Himmel, warte auf große Gedanken, oder wenigstens kleine, und höre Keimzeit. Nicht *Kling Klang*, sondern das Album *Auf einem Esel ins All* (unbezahlte Werbung).

Es ist schon unfassbar heiß, obwohl erst Frühling ist. Ich schaue auf unsere Blumenbeete. Das Basilikum ist irgendwie trocken, obwohl ich es jeden Tag gegossen habe. Relativ sicher. Aber vielleicht hat es trotzdem zu wenig Aufmerksamkeit bekommen.

Es geht ja nicht darum, dass Musik, Filme, Kunst, die man bereits kennt, schlecht sind. Nur darum, dass es da noch mehr zu kennen gibt. Und dass es in Vergessenheit geraten wird, wenn wir es nicht bewusst hervorholen. Und es auch viele Menschen gibt, die sich vergessen fühlen, wenn man ihre Kultur ignoriert.

Neulich habe ich das erste Mal *Die Legende von Paul und Paula* gesehen. Ein Klassiker aus der DDR-Zeit, viel geliebter Film im Osten. Ich hatte manchmal das Bedürfnis, Paula zu umarmen. Paula berlinert, hat Haare unter den Achseln und spricht mit vollem Mund. Sie ist alleinerziehende Mutter von zwei kleinen Kindern, geht arbeiten, tanzen, flirten und küsst, wen sie will und wann sie will. In einer Szene sagt sie zu Paul, mit dem sie eine Affäre beginnt: »Wir wollen Folgendes machen: Wir lassen es dauern, solange es dauert. Wir machen nichts dagegen und nichts dafür. Wir fragen uns nicht allerlei blödes Zeug. Nur die Namen.« Es gibt heute noch eine Menge Filme, die nicht so ein fortschrittliches Frauenbild haben.

Wenn ich Dinge wie diesen Film sehe, denke ich manchmal, dass ich in Sachen Kulturgüter sehr westdeutsch aufgewachsen bin – unter anderem, weil die Medien, über die man viel Kultur erfährt, so westdeutsch geprägt sind. Aber das stimmt natürlich auch nicht, siehe *Kling Klang*. Es ist eher eine Art Mischblick, dessen ich mir nicht bewusst gewesen bin, weswegen ich eben lange nicht zwischen Ost und West unterschied. Aber so blieben die kulturellen Produkte aus der DDR und Nachwendezeit für mich unsichtbar. Ich bemerkte ihr Fehlen nicht einmal. Deswegen muss ich diesen Bereich erst entdecken – wie das ganze Ostdeutsch-Sein.

Ich glaube, das ist ein großer Unterschied zwischen den Nachwendekindern und den Wendekindern. Wenn man *Zonenkinder* liest oder das Buch *Eisenkinder. Die stille Wut der Wendegeneration* von Sabine Rennefanz, bekommt man den Eindruck: Sie wollten werden wie die Westdeutschen. Sie haben gehofft, nicht als Ostdeutsche aufzufallen; und wenn das doch passiert ist, haben sie sich geschämt: »Ich sagte nicht mehr, woher ich kam. Die DDR war verschwunden, entwertet, ein peinlicher Irrtum, den man lieber vergaß. Mit der DDR war auch meine eigene Vergangenheit verschwunden und entwertet«, schreibt Rennefanz. Ich habe mich noch nie dafür geschämt, aus dem Osten zu sein. Nie wäre ich überhaupt darauf gekommen, mich aufgrund meiner ostdeutschen Herkunft kleiner zu fühlen oder gar klein beizugeben. Sie wollten ihr Ostdeutsch-Sein am liebsten ablegen. Ich will es mir erobern.

Wenn ich über die bisherigen Gespräche nachdenke, merke ich, dass jedes ganz anders lief. Bei meinen Eltern reproduzierte ich Klischees und Vorurteile, weil mir die Zahlen und Fakten fehlten, um über das zu sprechen, was war. Bei Jana Hensel hörte ich vor allem zu, ich bemerkte die Ähnlichkeiten, aber mir fehlten die Worte für die feinen Unterschiede. Bei Norbert wollte ich dann nichts mehr sagen, weil ich keinen Weg fand, Probleme zu benennen, ohne Erfolge schlechtzureden. Sie sind alle Ostdeutsche, wie ich. Aber eben doch irgendwie ganz anders.

Bisher habe ich vor allem zurückgeschaut. Zurückschauen ist wichtig, damit man weiß, was hinter einem liegt und ob man auf dem richtigen Weg ist. Und um die Sprache der Zeitzeugen zu lernen. Aber irgendwann muss man sich umdrehen und nach vorn schauen, sonst läuft man gegen einen Pfeiler. Ich beschließe, mich ab jetzt aufzumachen zu anderen Nachwendekindern. Damit ich unsere gemeinsamen Erfahrungen finde. Und meine eigene Sprache.

Sind wir ein *Wir*?

»Irgendwas passierte mit uns, wenn wir bei ihm einstiegen, irgendwas ließ uns alle Hemmungen verlieren, wir fühlten eine absolute Freiheit und Unabhängigkeit, die wir nie gekannt hatten und die wir jetzt aus uns herausbrüllten; es schien, als wären Freds verbeulte Autos verzaubert von der Hexe mit den fünf Katzen, die bei mir nebenan wohnte. Manchmal benutzten wir das heruntergekurbelte Seitenfenster als Surfbrett und hielten uns mit einer Hand am Dach fest. Das war wie Karussell fahren nach einer Flasche ›Stroh 80‹.«

Clemens Meyer, Als wir träumten

7 Was es im Westen nicht gibt

Ich sitze am Lenkrad eines gigantischen BMW, bin viel zu spät dran und habe mich verfahren. Ständig muss ich irgendwo anders lang, weil überall in Halle gebaut wird, was das Navi meines Mietwagens offenbar überfordert, denn ich befolge exakt, was es mir sagt. Ganz sicher. Es ist Jahre her, dass ich in Halle war. Und dann kehre ich zurück mit diesem Koloss von Auto aus Münchener Produktion. Immer wenn ich an einer roten Ampel stehe und alternativ aussehende Leute vorbeiziehen, versuche ich, unauffällig in eine andere Richtung zu schauen.

Ich bin hier, um ein Nachwendekind zu treffen. Auch sie ist jung und ostdeutsch: Marie-Sophie Schiller, Jahrgang 1989. Marie produziert den Podcast *Ost – eine Anleitung*, in dem sie versucht, mit Expertinnen die politische Situation im Osten zu (er-)klären. Vor ein paar Wochen haben wir miteinander telefoniert, dabei erzählte sie mir von ihrem Studium in Halle und sagte: »Da war offensichtlich sehr viel, was es im Westen nicht gibt.« Und ich fragte, ob sie mir dieses *sehr viel* zeigen wolle.

Ich stelle den BMW ab, renne das letzte Stück zu Marie atemlos und schweißviel durch die Straße. Marie sitzt auf einem heilen Fleckchen Wiese auf dem Campus der Uni – dunkelblonde Haare, Bauchtasche, langes Sommerkleid –, als ich mich neben sie ins Gras plumpsen lasse.

Sie wirkt entspannt und blickt verständnisvoll, als ich übers Autofahren fluche.

Marie lebt heute in Leipzig. Geboren ist sie in Wernigerode, das ist auch in Sachsen-Anhalt, nach dem Abitur ging sie für zwei Jahre nach Berlin und arbeitete in einer Werbeagentur. Weil sie in der Hauptstadt keinen Studienplatz bekam, landete sie in Halle, wo sie drei Jahre lang Politik und Medienwissenschaften studierte.

Halle liegt im Süden Sachsen-Anhalts an der Saale, hat etwa 239 000 Einwohnerinnen und ist damit derzeit die bevölkerungsreichste Stadt des Bundeslandes. Aber nur knapp. In Magdeburg sind es zwar ein paar Hundert Menschen weniger, aber wir Magdeburger trösten uns damit, dass wir Landeshauptstadt sind (liebevoll gemeinter Neck unter gleich großen Geschwistern ♥).

Die Mensa neben der heilen Wiese heißt *Tulpe*. Ich habe Marie am Telefon gebeten, mir *ihren* Osten zu zeigen, und finde es irgendwie bezeichnend, dass sie mich hierhin bestellt hat. Um uns herum sitzen junge Leute, die alle aussehen, als hätten sie sehr viel zu tun, aber nichts, das man nicht notfalls ausfallen lassen könnte. Es ist nichts Besonderes: Unileben, günstiges Koffein, impulsiv wirkende Menschen, die keine Grenzen kennen. Findet man in Westdeutschland genauso. Aber es sind eben nicht die Bilder, an die viele zuerst denken, wenn es um den Osten geht. Marie und ich holen uns zwei Kaffee, setzen uns zu den Studierenden ins Gras, fühlen uns in unsere Unizeit zurückgeworfen und wundern uns darüber wie zwei alte Damen.

Auch Marie setzt sich seit einiger Zeit mit ihrer Ost-Identität auseinander. Sie beschreibt das so: »Ich versuche, mein eigenes Leben zu verstehen, und lege das Ostdeutsch-Sein als eine Folie darüber, um mir Dinge zu erklären.« Ossi-Momente hatte auch sie. Während sie von ihnen erzählt, zupft sie mit ihren Fingern an einem Gänseblümchen herum. Sie spricht ruhig und eindeutig, alles klingt durchdacht.

Es begann, als sie in Berlin arbeitete und nur westdeutsche Kolleginnen hatte. »Obwohl ich nie Dialekt gesprochen habe, hatte ich den Stempel: das Mädchen aus dem Osten«, sagt Marie. Wegen ihres Umzugs nach Halle seien auf Arbeit alle regelrecht bestürzt gewesen und hätten sie bemitleidet. »Sie haben reagiert, als würde ich in die Wüste auswandern wollen. Ich hatte bis dahin nicht darüber nachgedacht, dass ich da jetzt in *den Osten* zurückgehe.«

Kurz habe sie sich Sorgen gemacht, ob sie die falsche Entscheidung getroffen habe. Dann sei sie in Halle angekommen, sagt sie – und alles sei fantastisch gewesen.

Wir machen uns auf, die Stadt zu erkunden, gehen ihrer Erinnerung nach und halten das erste Mal nach 30 Metern. Da steht das Hauptgebäude der Uni, groß, viereckig, irgendwie herrschaftlich, was vermutlich an den zwei Löwenstatuen neben dem Eingang liegt. Das Haus ist fast 200 Jahre alt. Wir gehen rein und schauen uns um. Hohe Decken, Kronleuchter, Büsten von Männern mit Lockenkopf, massive Treppe. Als wir die ein Stück hinaufgehen, bleibt Marie auf einmal stehen und beschreibt, wie sie damals hier ankam und staunte. Ich kann es mir gut vorstellen, weil sie es eigentlich immer noch tut. »Ich habe mich gefühlt wie eine Prinzessin, die studieren darf«, sagt sie, begeistert. Alles habe dem Klischee widersprochen.

»Du fährst aus Berlin hierher, erwartest Schlimmstes und denkst dann so: Krass. Das haben sie dir nicht gesagt.«

Anders formuliert: Die steinernen Lockenköpfe liegen nicht in der *Ossi*-Schublade.

Draußen laufen wir weiter über den Campus, vorbei an Bibliotheken, gepflegten Gärten, an Maries alter Stammkneipe, in der sie immer Wodka mit eingelegten Pfefferkörnern getrunken haben. Auf unserem Weg liegen: ein heruntergekommenes Gebäude, das ich höchstens für ein besetztes Haus gehalten hätte, in dem aber Maries Bibliothek war. Ein Café, in dem schon morgens um zehn Uhr geraucht wird. Viele Altbauten, viele neu hergerichtet, viele auch mit abgebröckelten Fensterrahmen, manche mit leeren Fenstern. Obwohl Halle seit einigen Jahren wächst, gibt es hier immer noch viel Leerstand. In Maries alter Straße haben neue Cafés und kleine, niedliche Restaurants aufgemacht. Die Stadt wirkt hip, aber ohne dass es zu viel ist, wie es manchmal in Berlin zu viel ist. Alternativ, aber nicht verkommen. Hin und wieder steht eine leere Weinflasche am Straßenrand.

Während wir gehen, erzählt Marie von ihrem Leben hier. Überall sei permanent Neues entstanden. Kreative hätten die leeren Häuser genutzt, daraus Werkstätten, Galerien, Kunstprojekte, Clubs gemacht. Vieles sei provisorisch gewesen. Wenn ein Ort habe schließen müssen, habe bald darauf ein neuer eröffnet. »In Halle merkt man einfach, dass die Stadt nicht vor sich hin siecht«, sagt Marie, »sondern getrieben ist, hinterfragt und genutzt wird.«

Was Marie berichtet, kommt mir bekannt vor. Ähnliches beschreiben mir Freundinnen und Bekannte, die in

Leipzig, Chemnitz, Erfurt, Greifswald oder Jena studiert haben. So erlebe ich es selbst jedes Mal, wenn ich in Magdeburg bin. Alles ist in diesen Städten in Bewegung, alles steht unter Strom.

Das ist eben nicht zufällig in diesen Städten so – sondern das hat auch ganz unmittelbar damit zu tun, glaube ich, dass sie in Ostdeutschland liegen. Denn hier ist noch Platz. Das merkt man, wenn man sich durch diese Städte bewegt: Selbst in den Zentren entdeckt man noch abgewrackte, ungenutzte Wohnhäuser, Geschäfte, Fabrikhallen. Oft wird das alles als ostdeutsche Leere betrachtet. Aber eigentlich ist es das nicht. Zumindest nicht nur. Platz ist immer auch eine Möglichkeit. Und immer mehr junge Leute sehen das. Nachdem die ostdeutschen Städte mit Hochschulen jahrzehntelang ausgedünnt sind, wachsen sie seit einigen Jahren wieder. Das liegt auch daran, dass immer mehr Westdeutsche zum Studieren hierherkommen (aber noch zu wenige zum Leben bleiben). Was machen Freiräume mit einer Stadt?

Ich habe in München gelebt. Dort habe ich eigentlich nur perfekt renovierte Häuser gesehen, kaum Graffiti an den Wänden, keine bröckelnden Fensterbretter und keine leeren Weinflaschen auf dem Boden. Alles ist in Ordnung, alles hat seine Ordnung. Um 20 Uhr machen die Supermärkte zu, bei einer roten Ampel bleibt man stehen, es gibt keine Partys in leeren Gebäuden, weil es keine leeren Gebäude gibt.

München ist eine tolle Stadt, die Leute freundlich, die Isar einer der besten Flüsse der Welt. Aber: Die Stadt ist eben auch sehr fertig. Mir persönlich war sie das immer ein bisschen zu sehr.

Im Osten ist das anders, zumindest in den größeren Städten. Das Leben und Sein hier fühlt sich nicht so eingeengt an, irgendwie leichter, elektrisierend. Klar, das ist kein unumstößlicher Fakt. Es ist eher ein Gefühl. Mein Gefühl, wenn ich in diesen ostdeutschen Städten bin. Mein Eindruck ist, dass die Grundstimmung hier mehr geprägt ist von Ungezwungenheit, Ungebundenheit, Leichtigkeit – von Freiheit. Und das ergibt doch Sinn.

Wo noch nicht alles da ist, kann mehr Neues entstehen. Wo Platz ist, lässt sich besser atmen. Wo Raum ist, können sich Ideen ausbreiten. Da pulsiert es.

Oft höre ich Leute, die den Osten verteidigen wollen, von Hochkultur, Geschichte, Landschaft reden: die Wartburg, die Friedliche Revolution, die Ostsee.

Wenn ich selbst an *den Osten* und seine schönen Seiten denke, dann denke ich nicht zuerst an die Vergangenheit. Sondern daran, wie unfertig er ist. Noch immer. Und wie gut das ist. Marie geht es ähnlich.

Wir sitzen an der Saale, auf dem Steg eines Tretbootverleihs, der schon geschlossen ist, in einem riesigen Park. Die Sonne wackelt über das Wasser. Marie lässt ihre Füße im Fluss baumeln. Das Gras im Park scheint fast lächerlich grün. Junge Leute spielen Frisbee ohne Schuhe. Ein Paar schaut, so sieht es aus, in den Himmel, ohne Sorgen. Großfamilien grillen ohne Grillverbot.

Marie und ich versuchen, dieses Gefühl der Ungezwungenheit zu ergründen. Und kommen darauf, dass es vielleicht nicht nur mit dem Platz zu tun hat – sondern auch mit dem, was ja eigentlich ein Nachteil ist: dem weniger vorhandenen Geld.

»Es gibt hier keine Selbstverständlichkeit von Konsumgütern«, sagt Marie. Für keine ihrer Kommilitoninnen habe zur Debatte gestanden, demnächst eine Eigentumswohnung geschenkt zu bekommen, keiner habe ein Auto gehabt, jede immer ein bisschen zu wenig Gespartes auf dem Konto. Aber das habe alles keine Rolle gespielt. Sie hätten wenig gehabt, aber sich durchgewurschtelt und trotzdem ein gutes Leben geführt: »Niemand hat sich über Materielles definiert.«

Das ist hier möglich, weil das Leben (noch) so günstig ist. Die Durchschnittsmiete in Halle steigt seit einigen Jahren, doch ist sie im Vergleich zu anderen (westdeutschen) Großstädten noch immer sehr günstig. Für eine 30-Quadratmeter-Wohnung zum Beispiel zahlt man hier durchschnittlich pro Quadratmeter 7,12 Euro. In Berlin sind es 16,29 Euro, in Köln 16,31 Euro. Man kann in Halle im angesagtesten Viertel wohnen, ausgehen, Ausstellungen besuchen und sich trotzdem sogar ein Wohnzimmer leisten.

Wenn man sich nicht so sehr über Materielles definiert (definieren kann), prägt das vielleicht auch die Sicht aufs Leben. Marie sagt, es habe nie einen Karrieredruck in ihrem Freundeskreis gegeben. »Für keinen hat eine Rolle gespielt, wie viel er später einmal verdienen will.«

Auch mir fällt eigentlich kein Gespräch mit einer ostdeutschen Freundin über Zukunftsfragen ein, in dem es um Geld ging. Sicherheit, darum schon. Darum, einen Job zu haben, der einen über die Runden bringt, auch wenn man mal länger krank ist. Oder eine Altersvorsorge. Aber nicht um Geld als Selbstwert. Nicht eine Aussage, diese oder jene Ausbildung machen zu wollen, weil man ja auch mal etwas verdienen wolle. Oder diesen oder jenen Job abzulehnen, weil er schlechter bezahlt ist als der andere. Was auch ein bisschen Zufall ist, weil es natürlich auch Westdeutsche gibt, die so denken, und Ostdeutsche, die das anders sehen – auffällig war es für mich trotzdem.

Woher kommt diese Prägung? Marie führt das auf ihr Elternhaus zurück: »Man bekommt das mit – Geld ist weniger wichtig gewesen zu DDR-Zeiten, weil alle gleich viel verdienten. Das wurde so weitergegeben.«

Ich denke, diese Prägung hat womöglich auch mit den Zahlen zu tun, die ich auf Usedom gelesen habe. Der Osten steht in eigentlich allen sozioökonomischen Daten ein bisschen schlechter da als der Westen. Weniger Wirtschaftskraft, weniger Führungskräfte, weniger Großunternehmen. Das führt dazu, dass wir ostdeutschen Nachwendekinder weniger Zahnarztpraxen erben werden als manch westdeutsche Altersgenossen. Wir können uns eher nicht mit Anfang 30 eine Eigentumswohnung kaufen. Wir haben eher keine Tante in der Chefetage eines Unternehmens, bei der wir nach dem Abitur gleich ein Praktikum gemacht haben. Eher keinen Onkel, der uns motivierte, uns für ein Stipendium zu bewerben. Unsere Eltern haben uns eher nicht gesagt, dass man sich in Bewerbungen immer ein bisschen besser verkaufen muss – wobei viele dieser Linien sich nicht nur an Ost und West festmachen lassen, sondern auch Fragen wie der, ob man Arbeiterinnenkind ist oder nicht.

Das alles kann jedenfalls ein Problem sein, auf wirtschaftlich-struktureller Ebene. Vor allem dann, wenn das fehlende Geld existenzbedrohend wird; dann macht das nämlich wieder unfrei.

Und trotzdem: Ich frage mich – hat die Ungezwungenheit nicht auch mit diesen Zahlen zu tun? Man muss an den wirtschaftlichen Ungleichheiten nichts Positives sehen. Aber da es nun einmal gerade so ist, könnte man es doch zumindest probieren.

Zum Beispiel so: Wir Nachwendekinder haben eben auch keine Zahnarztpraxen, die wir erben *müssen*. Keinen Besitz, der uns einen Wohnort oder einen Berufsweg vorschreibt. Wir mussten unser Geld früh selbst verdienen – aber deswegen waren wir auch freier in der Entscheidung, womit. Unsere Eltern haben vielleicht seltener studiert – aber reden uns deswegen auch seltener in unsere Entscheidung hinein. Das macht einen unabhängig. Es wirkt sich auf die Jugend aus, das Studium oder die Ausbildung und auch auf das Leben danach.

Der ostdeutsche Autor Christian Fuchs, geboren 1979, hat in der *ZEIT* mal über sich und die ostdeutschen Männer geschrieben: »Im Gegensatz zu manchen westdeutschen Altersgenossen bedeutete das aber auch, dass ich nicht in die Fußstapfen meiner Eltern treten musste. Ich konnte bei null anfangen und mich fragen: Was will ich wirklich? Wie will ich leben? Es gab keine Vorbilder mehr.« Und über seine ostdeutschen Freunde schreibt er: »Sie wählten Selbstständigkeit statt Festanstellung. Sie wohnten in Abrisshäusern, heizten ihre Kohleöfen und suchten in ihrer Arbeit Sinn statt Positionen. Sie entschieden sich für ein Leben statt für einen Lebenslauf.«

Was mir an diesen Sätzen so einleuchtet – und was für alle Geschlechter gilt: Weniger Ballast sorgt für mehr Beweglichkeit. Andere Dinge werden einem wichtiger. Christian Fuchs zählt zu der Generation der Wendekinder. Aber bestimmt ist doch noch immer etwas übrig von diesem

Leben statt Lebenslauf. So ein Blick aufs Leben wird doch weitergegeben, in Familien, Freundeskreisen, Städten. Vielleicht macht genau das diese Leichtigkeit und Ungezwungenheit aus. Dieses Freiheitsgefühl.

Marie und ich beschließen, etwas essen zu gehen, und landen in einem Biergarten. Ich bestelle eine Ofenkartoffel, Marie Pommes und Salat, und weil der Salat ohne Dressing kam, isst sie ihn eben ohne. Wir beide haben hier einen wunderbaren Tag in Halle. Aber so ist es nicht immer.

Ein paar Wochen nach meinem Besuch sterben hier bei einem antisemitischen Terroranschlag eines Rechtsextremen zwei Menschen. Dass Marie und ich uns hier so ungezwungen fühlen, liegt auch daran, dass wir keinen dunklen Teint haben und kein Kopftuch tragen, dass wir weder Jüdinnen noch Musliminnen sind. Es gibt noch andere Seiten des Ostens, denen ich auch noch begegnen werde.

8 Die Weltenwechsler

Das Einhorn ist bestimmt zwei Meter groß. Und aus Kuschel. Mein Blick bleibt kurz irritiert daran heften, als ich unterwegs bin zu den Kühlregalen. Ansonsten bin ich schon an Büchern, Handtüchern, Koffern und einem Pelikan-Schwimmring vorbeigekommen. Eigentlich wollte ich nur »kurz« etwas zu essen kaufen. Doch in dieser Kauf*halle* liegt alles Essbare noch immer in weiter Ferne. Ich sehe schon die Schlagzeile: »Verhungert 200 Meter vor den Gemüsefrikadellen«.

Hier im Globus am Hermsdorfer Kreuz gibt es offenbar alles. Es ist ein gigantisches Einkaufszentrum. Eine andere Recherche hat mich hierherverschlagen, nach Ostthüringen. In eine Gegend mit gigantischen Wäldern, die das Herz von Naturliebhaberinnen höherschlagen lassen. Und sogar mir gefällt's hier. Jedes Dorf wirkt wie ein Kurort, in dem man sich von der Schnelllebigkeit der Großstadt erholen kann. Der *Globus* passt nicht so richtig hier rein. Doch wer in der Region lebt – oder wie ich hier arbeitet –, kommt kaum um ihn herum, weil es in den Dörfern fast kaum noch Supermärkte gibt.

Irgendwann habe ich meine Gemüsefrikadellen gefunden und stehe vor einer Maschine. Man soll hier seinen Einkauf selbst einscannen beziehungsweise darf das, und ich habe mich aus irgendeinem Grund dafür entschieden.

Jetzt klappt etwas nicht, eine Lampe blinkt auf, und eine Verkäuferin eilt mir zu Hilfe. Während sie irgendwelche Tasten drückt, muss ich an meine Oma denken. Auch sie war Verkäuferin. Drei Jahrzehnte lang, bis Mitte der 1990er ihre Kaufhalle schließen musste. Die Verkäuferin vor mir nimmt mir meine restlichen Einkäufe aus der Hand und scannt sie ein. Das gehe ja schneller, sagt sie. Sie lächelt, ich lächle zurück.

So ein Einkaufszentrum, in dem es alles gibt, ist praktisch. Vor allem für ältere Menschen und beschäftigte Eltern. Aber irgendwie ironisch ist es trotzdem, dass im ehemaligen Land des (versuchten) Sozialismus – wo es in jedem Dorf einen Konsum gab und sie in der Schule davor warnten, dass sie im Kapitalismus »2,99« statt »3 Mark« auf die Schilder schreiben würden, damit es günstiger aussehe –, dass da jetzt auch so ein Globus steht, dieser Auswuchs des Kapitalismus. Zu der Zeit, als meine Oma Verkäuferin wurde, standen Leute für alles an, und es gab nicht immer Klopapier. Jetzt gibt es Scan-Maschinen und Klopapier von zehn verschiedenen Marken.

Manchmal denke ich, die Welt muss meiner Oma doch irre vorkommen. Irgendwie unwahrscheinlich. Nicht nur wegen allem, was mit der Wiedervereinigung einherging. Aber seitdem besonders.

Auch für mich ändert sich die Welt ständig. Ich bin heute permanent über Telegram oder Mails erreichbar. In der Pubertät stritt ich mich mit meinem Vater um den einzigen PC mit Internet im Haus, weil ich meine ICQ-Nachrichten checken wollte. Aber diese Veränderungen passieren so ständig und stetig, dass ich selten darauf achte und sie oft nichts mit mir machen, nicht bewusst.

Anders wäre das vermutlich, wenn mein pubertierendes ICQ-checkendes Ich auf einmal ins Jetzt *fallen* würde. Wenn auf einen Schlag so vieles anders wäre. Dann käme ich nicht drum herum, mich zu fragen, woher ich komme, wo ich bin und was hier eigentlich los ist.

Marie-Sophie Schiller und ich sind beide zu Ostdeutschen geworden, als wir nach Westdeutschland gegangen sind. Natürlich war es nicht so, dass wir in eine komplett neue Welt gefallen sind. In vielen Bereichen sind wir gesamtdeutsch – was eben oft sehr westdeutsch geprägt ist – aufgewachsen. Aber in Ostdeutschland selbst, in unserer gewohnten Umgebung, ist uns der Unterschied Ost/West nicht aufgefallen. Erst nach unserem Umzug. Wir sind Weltenwechsler.

Während meiner Reise werde ich mit Dutzenden ostdeutschen Nachwendekindern sprechen. Bei vielen ist es ebenso, dass die ostdeutsche Identität erst nach dem Weltenwechsel entstand. Erst dann begannen die Fragen. Durch eine andere Umgebung, Menschen, Umstände. Weil am Horizont keine Plattenbau-Skyline zu sehen war. Oder die Leute am Bartresen eigentümliche Dinge sagten, die man aus der Heimat ganz anders kannte. Das Ostdeutsch-Sein wurde auch an viele herangetragen.

Eine wurde zur Ostdeutschen, als ihre Mama von westdeutschen Kommilitoninnen »Rabenmutter« genannt wurde, weil sie Vollzeit arbeiten ging. Eine andere, weil ihre Kollegen in Süddeutschland nach der Bundestagswahl sagten: »Wir zahlen für den Soli, und dann so ein Wahlergebnis. Echt unglaublich.« Und noch eine andere, als sie in einer Gruppe von Mitstipendiaten saß und bemerkte, dass ihre Eltern die Einzigen waren ohne Abonnement einer überregionalen Zeitung.

Es begann bei allen stets mit diesem diffusen Gefühl, das sie nicht einordnen konnten. Und nach einer Weile wurde ihnen klar, dass dieses Gefühl etwas damit zu tun hat, woher sie kommen. Deswegen die Sprüche. Deswegen die Unterschiede in den Biografien. Deswegen das Gefühl, mitgemeint zu sein, wenn jemand auf den Osten schimpft.

Sie fanden sich zwischen Westdeutschen wieder, waren auf einmal *die anderen*. Das ist einleuchtend. Oft wird man sich über Unterschiede seiner eigenen Identität bewusst.

Es gibt eine Studie der *Otto-Brenner-Stiftung* aus dem Frühjahr 2019, die die Generation der Nachwendekinder in den Blick nimmt, Ost- wie Westdeutsche. Wo die Wissenschaftlerinnen die meisten Unterschiede ausmachen: bei der Identität. Im Osten fühle sich demnach jede fünfte Person eher ostdeutsch als deutsch. Im Westen hingegen sei kein vergleichbares Phänomen erkennbar. Eine ostdeutsche Identität unter Nachwendekindern gibt es laut der Studie durchaus; eine westdeutsche – in Abgrenzung zu Ostdeutschland – hingegen nicht.

Die Studie folgt bei der Einteilung Ost/West dem Wohnortprinzip. Aus den Ergebnissen geht außerdem hervor, dass viele der Befragten noch immer dort leben, wo sie den Großteil ihrer Jugend verbracht haben. Es empfinden sich also auch viele als ostdeutsch, die keinen Weltenwechsel hinter sich haben. Warum?

Um das zu beantworten, bin ich in den vergangenen Wochen wieder kurzzeitig unter die Studierenden gegangen.

An der Humboldt-Universität in Berlin besuche ich ein paarmal ein Seminar zu den Themen Ostdeutschland und ostdeutsche Identität.

Erstes Fazit zu meinem kurzen Studentinnen-Flashback: Notizzettel weichen dem Tablet, Bauchtaschen kehren zurück, Club-Mate-Konsum unverändert. Zweites Fazit: Die ostdeutsche Identität ist auch eine Reaktion darauf, wie Ostdeutsche in den Medien dargestellt werden – was ja ziemlich gut zu meinen Ossi-Momenten passt.

Das Seminar leitet der Sozialwissenschaftler Daniel Kubiak, auf dessen Forschung ich bereits in Heringsdorf auf Usedom gestoßen bin. Kubiak ist 1982 in Ostberlin geboren und nähert sich der Identität von Nachwendekindern wissenschaftlich an.

Vor einem Kurstermin treffe ich ihn in seinem Büro. Ein länglicher Raum in einem Gebäude nahe der Friedrichstraße. In den Regalen liegen die Bücher kreuz und quer, auf den Tischen breitet sich ein unübersichtliches Zettelsammelsurium aus, unter einem der Haufen ist (klar) eine Mate-Flasche begraben. »Das geordnete Chaos«, sage ich. »Wenigstens ehrlich«, sagt Daniel, der gleich ins Du springt. Wir verstehen uns sofort.

Daniel erläutert mir seine These: Demnach hat die ostdeutsche Identität auch damit zu tun, wie der Osten in den Medien auftaucht. Dass der Osten in den Medien oft als der erklärungsbedürftige Landesteil dargestellt wird, habe ich schon auf Usedom gelesen. Genauso weiß ich bereits, dass Ostdeutsche, im Gegensatz zu Westdeutschen, oft als geschlossene Gruppe angesprochen werden – und das zumeist mit negativen Assoziationen.

Daniel bekräftigt das noch mal und schlussfolgert:

»Genau das löst bei vielen ostdeutschen Nachwendekindern ein Zugehörigkeitsgefühl aus.«

Die ostdeutsche Identität der Nachwendekinder sei insgesamt eine Reaktion auf drei Dinge: »Die Sozialisationserfahrung mit ostdeutschen Eltern, der pauschalisierende Schulunterricht und das Gefühl der Fremdzuschreibung als Ostdeutsche. Und diese Fremdzuschreibung geschieht eben ganz oft als Reaktion auf die mediale Abwertung.«

Anders gesagt: Auch Medien sind manchmal eine eigene Welt, eine westdeutsche.

Identität ist ja etwas Spannendes. Man wacht nicht irgendwann auf, und auf einmal liegt sie neben einem im Bett. Identität liegt nicht, sitzt nicht, man kann sie nicht anfassen und ihr morgens keinen Kaffee kochen. Sie ist konstruiert. Also nicht so angeboren wie Haare. Nicht so fassbar wie ein Bett. Sie wird dadurch real, dass wir über sie reden. Oder über sie nachdenken. Damit wir das tun, muss meistens etwas passieren. *Identität Ost* ist eine Reaktion auf etwas: auf die Ossi-Momente. Auf den Weltenwechsel. Auf das Fernsehschauen.

Insofern haben meine Eltern und Norbert Leisegang natürlich recht: Eigentlich gibt es *den Osten* und *die Ostdeutschen* nicht. Zumindest nicht so, wie es Haare und Betten gibt. Aber trotzdem sind der Osten, die Ostdeutschen und die ostdeutsche Identität real, weil wir ständig darüber reden, etwas damit verbinden, mit den Begriffen agieren. Mit Identitäten gehen Privilegien oder Benachteiligungen einher. Die Kulturwissenschaftlerin und Journalistin Mithu Sanyal beschreibt es in ihrem Beitrag in *Eure Heimat ist unser Albtraum* so: »Identität ist also durchaus real, aber nicht, weil sie ein genuiner Stoff (...) ist, sondern weil sie reale Auswirkungen auf unser aller Leben hat.«

Identität ist sehr praktisch. Sie hilft uns, damit wir uns in der Welt orientieren und verorten können. Und Orientierung ist wichtig in Zeiten, in denen weder Beziehungen noch Arbeitsverhältnisse, noch Staubsauger eine Zehn-Jahres-Garantie haben.

Identität ist außerdem die Grundlage von Identitätspolitik. Wie der Name sagt, geht es dabei darum, mit Identität Politik zu machen. Aber nicht als Einzelne, sondern als Gruppe. Es geht darum, die spezifische Geschichte, Kultur oder Interessen dieser Gruppe sichtbar werden zu lassen, daraus Forderungen abzuleiten und gemeinsam die Stimme zu erheben.

Identitätspolitik ist eine Perspektive, die man sich wie eine Brille aufsetzen kann, um bestimmte Dinge zu sehen. Durch die Brille geht es nicht nur darum, *was* gesagt wird. Sondern auch, *wer* spricht. Warum ist das nützlich? Weil kein Mensch auf dieser Welt allwissend ist. Wir haben alle einen ganz eigenen Blick auf die Welt, geprägt durch Eltern, Freundinnen und die Frage, ob uns schon einmal ein Fahrrad aus dem Hausflur geklaut worden ist. Es gibt Leute, die laufen an Graffitis vorbei und sehen Kunst, Kreativität, Freiräume. Andere sehen Sachbeschädigung. Kein Blick ist objektiv. Und deswegen ist es auch manchmal sinnvoll – oder schlicht interessant –, die identitätspolitische Brille aufzusetzen, um zu sehen, *wer* da *was* sagt.

Zum Beispiel: Ist es ein Mann, der da das Verbot von Abtreibungen fordert, obwohl er qua Geburt nie in Gefahr geraten kann, eine Abtreibung zu benötigen? Ist es eine weiße Person, die behauptet, schwarze Menschen in

Deutschland würden nicht strukturell diskriminiert? Ist es eine westdeutsche Person, die fordert, man solle keine Gelder mehr für den Strukturausbau der ländlichen Regionen im Osten ausgeben, weil die sowieso im Niedergang begriffen seien? Identitätspolitik kann sichtbar machen, *wer* an der Macht ist, und so den Weg zum *Warum* verkürzen, um Gegebenes infrage zu stellen.

Kritikerinnen beanstanden an der Identitätspolitik, dass es nur noch um das *Wer* gehe. Nicht um das *Was,* also das eigentliche Argument. Von konservativer und rechter Seite kommt außerdem der Vorwurf übertriebener politischer Korrektheit. Und von linker Seite die Sorge, in der Identitätspolitik die gemeinsame Sache aller Progressiven aus den Augen zu verlieren, den Kampf gegen den Neoliberalismus. Hinzu kommt, dass Rechtsextreme sich schließlich auch auf Identitäten berufen, um damit andere Menschen auszuschließen.

Und tatsächlich funktioniert Identität zunächst durch Abgrenzung: Ich habe eine weibliche Identität, weil es Männer gibt. Ich bin Arbeiterkind, weil es Akademikerinnenkinder gibt. Ich bin Ostdeutsche, weil es Westdeutsche gibt. Diese Grenzziehung kann gefährlich werden.

Ich glaube jedoch nicht, dass eine Gesellschaft durch Identitätspolitik zwangsläufig zersplittert – wenn beim Blick durch die Brille nicht vergessen wird, dass es gerade nicht um Teilung geht, sondern darum, die Menschen sichtbar zu machen, die schon immer da waren, aber nie gehört wurden. Die zu wenig gesehen wurden, weil ihre Geschichte und Perspektive nur in Nebenerzählungen landete. Für die Sichtbarmachung ist aber zuerst nötig, dass man sich eines *Wir* bewusst wird und seine Stimme erhebt.

Es ist also das Gegenteil von Abgrenzung. Es ist Verschwesterung. Mir erscheint das ziemlich logisch.

Aber es gibt auch Nachwendekinder, die das ganz anders sehen. Philipp Amthor zum Beispiel.

9 Verständniskompetenz

Es war einmal in Thüringen. Der junge CDU-Politiker Philipp Amthor war mit Parteifreunden unterwegs, als ein Bürger ihn ansprach und fragte, ob er eigentlich wirklich ostdeutsch sei. Denn er könne so gut reden. »Die Leute assoziieren mich gedanklich nicht unbedingt mit Ostdeutschland«, so erzählte es mir Philipp Amthor einmal. Philipp Amthor ist auf der politischen Bühne wohl das bekannteste ostdeutsche Nachwendekind. Er ist so etwas wie die konservative Nachwuchshoffnung der CDU, wird von manchen schon als zukünftiger Kanzlerkandidat gehandelt. Ich frage mich, wie viele Leute ihn dabei eigentlich unmittelbar mit Ostdeutschland in Verbindungen bringen – der Herr aus Thüringen offenbar ja nicht. Philipp Amthor selbst betont es auch nicht oft.

Wir sind heute in seinem Büro in Berlin verabredet, das im Paul-Löbe-Haus direkt neben dem Reichstagsgebäude liegt. Als ich reinkomme, steht Philipp Amthor noch am Schreibtisch und räumt Unterlagen umher. Er sieht aus wie immer. Anzug, akkurater Seitenscheitel, Deutschlandflagge am Revers. Wenn man ihn sieht, kann man kaum glauben, dass er erst Mitte 20 ist. Es ist, als hätte sich jemand einen Konservativen ausgedacht.

Er fragt, was wir denn jetzt vorhaben. »Wir sprechen über uns als junge Ostdeutsche«, sage ich. »Und das können wir nicht hier machen?«, fragt er und lächelt dabei ein Lächeln, das Unmut ausdrückt, aber keine Angriffsfläche bieten will. Als ich ihm anbiete, dass wir doch in seinem Büro bleiben können, winkt er ab und folgt mir.

Philipp Amthor ist im November 1992 geboren. In Ueckermünde, Mecklenburg-Vorpommern. Sein Bundestagswahlkreis liegt direkt neben dem von Angela Merkel. Dort hat er bei der Bundestagswahl 2017 das Direktmandat geholt, jetzt sitzt er als einer der jüngsten Abgeordneten im deutschen Parlament. Und als einer der gefragtesten. Bei ihm handelt es sich nicht mehr um einen Medienrummel, sondern eher ein Medienoktoberfest.

Philipp Amthor ist so gefragt, weil er polarisiert und keine Angst hat anzuecken. Er, von Haus aus Jurist, vertritt urkonservative Ansichten und spitzt die gern zu, aber selten populistisch. Sehr fleißig ist er auch, heißt es, und außerdem ein verdammt kluger Kopf.

Ich bitte ihn, dass wir uns an die Spree setzen, die direkt vor der Tür fließt. Weil man als Journalistin immer versucht, seine Gesprächspartnerinnen aus ihrer gewohnten Umgebung zu locken, aber mehr zeitlich nicht drin ist. Außerdem würde ich Philipp Amthor einfach gern mal auf dem Boden sitzen sehen.

Wir spazieren aus dem Paul-Löbe-Haus hinaus, über eine Brücke und laufen die Spree entlang bis zu ein paar Stufen, die direkt in den Fluss führen, schräg gegenüber des Reichstagsgebäudes. Man kann die große Glaskuppel über dem Plenarsaal und die Flaggen auf den vier Ecktürmen sehen.

»Hier?«, frage ich.

»Dann sehen wir noch die wehende Deutschlandfahne.«

»Genau«, sage ich.

»*Patriotic moment*«, sagt Philipp Amthor.

Wir setzen uns, und ich berichte von meinem Vorhaben. Als ich erwähne, dass ich kurz vor der Wiedervereinigung geboren bin, sagt er: »Dann sind Sie ja noch ein Ossi.« Das kann ich bestätigen. »Sind Sie denn einer?«, frage ich. Wir siezen uns, weil er Politiker ist, ich Journalistin – aber ich weiß auch nicht, ob ich ansonsten auf eine andere Idee gekommen wäre.

»Ich würde Identität als etwas Zwiebelartiges beschreiben«, antwortet Amthor. »Jeder hat mehrere. Bei mir ist es so, dass ich mich zuerst als Deutscher fühle, dann als Vorpommer. Wenn ich außerhalb Europas unterwegs bin, zum Beispiel in die USA reise, nehme ich mich hingegen vor allem als Europäer wahr. Natürlich macht es auch einen Teil meiner Identität aus, in Ostdeutschland aufgewachsen zu sein.«

Er erzählt, dass er sich immer dann besonders ostdeutsch fühle, wenn er auf Vorurteile treffe, wie in den Medien. Jedoch führen diese Situationen, die ich Ossi-Momente nennen würde, bei ihm nicht dazu, dass er sich die ostdeutsche Identität darüber hinaus bewusst aneignet. »Ich frage mich: Ergibt das Sinn, eine eigene Gruppe zu bilden?«, sagt er. »Ich glaube nicht, dass es noch notwendig ist, ein nur ostdeutsches *Wir* der Nachwendegeneration zu formulieren. Die jungen Ostdeutschen haben eigentlich keinen Grund zum Jammern. Es kann sich doch in diesem Alter niemand dadurch entschuldigen, dass er Ostdeutscher ist. Die angebliche Chancenungleichheit halte ich für überwiegend herbeigeredet.«

»Aber es gibt doch strukturelle Unterschiede«, sage ich.

»Es gibt jedoch keine Unterschiede mehr in unseren Möglichkeiten. Wir jungen Ostdeutschen können das Gleiche erreichen wie Westdeutsche. Ich will nicht mehr, dass Menschen in unserer Generation behaupten, sie hätten es so schwer, weil sie aus dem Osten kommen. Sie können alles ganz genauso selbstverständlich. Bei mir war es so: Immer wenn ich einen blöden Spruch von einem Westdeutschen gehört habe, hat mich das nur noch mehr angespornt. Ich glaube, dieses ganze Schlechtreden, das hilft halt auch nicht.«

»Sehen Sie keinerlei Unterschiede zwischen Ihnen und Ihren gleichaltrigen Kollegen aus Westdeutschland?«

»Meine Heimatregion ist natürlich von den politischen Nachwirkungen der DDR geprägt, deswegen habe ich ein anderes Verständnis dafür, was das bedeutet. Das führt beispielsweise zu einer unterschiedlichen Bewertung der Frage, wie die DDR zu sehen ist.«

»Inwiefern?«

»Es ist unzweifelhaft, dass die DDR kein Rechtsstaat war, sondern eine klassische Diktatur. Aber ich glaube, meine ostdeutsche Perspektive unterscheidet sich darin, dass ich sehr schnell gelernt habe, zwischen zwei Dingen differenzieren zu müssen: zwischen dem DDR-Staat und der Lebensleistung Einzelner. Die meisten Menschen haben sich in dem Staat eingerichtet und versucht, das Beste aus allem zu machen. Sie haben sich *arrangiert*. Das kann ich nachvollziehen.«

Dann lacht er und fügt hinzu: »Sich arrangieren – das ist auch ein typisch ostdeutsches Wort.«

Philipp Amthor und mich scheint zu einen, dass wir unaufgeregt auf die DDR schauen. Denn uns ist klar, dass dieser Staat eine Diktatur war. Doch genauso klar ist uns, dass viele Menschen dort trotzdem ein für sich normales Leben führten. Auch Amthor sagt, er sieht es als Aufgabe unserer Generation, auf die ostdeutsche Geschichte während der Zeit der Teilung hinzuweisen.

Was uns beide jedoch unterscheidet: Für ihn heißt über *den Osten* zu sprechen vor allem, über die DDR zu sprechen. Nicht über die Gegenwart. Offenbar nicht einmal besonders über die Nachwendezeit.

»Im Kern glaube ich, dass es nichts bringt, immer noch diese künstliche Spaltung zwischen Ost- und Westdeutschland herbeizureden«, sagt er.

»Ist sie denn künstlich?«

»Finde ich, ja. Ich halte es für wenig sinnvoll, Deutschland in irgendwelche Gruppen zu teilen. Wir müssen eine gesamtdeutsche Diskussion führen.«

Obwohl er von der Gruppenfindung nichts hält, ist Philipp Amthor bei der Gruppe ostdeutscher Unions-Bundestagsabgeordneter dabei, die sich regelmäßig treffen. Ein Widerspruch?

Er meint: »Es gibt durchaus Themen, die ostdeutsche Länder gemeinsam bewegen. Wie das ostdeutsche Rentenniveau, der Umgang mit dem SED-Unrecht, die Kosten der Energiewende, der Kohleausstieg, der Strukturwandel, gleichwertige Lebensverhältnisse in ländlichen Regionen. Vieles davon betrifft aber auch andere Regionen Deutschlands.«

Während wir reden, schwappt die Spree gegen die Treppenstufen. Vor uns auf dem Wasser schippern die Dampfer, viele davon tragen ebenfalls ein Deutschlandfläggchen. Auf dem Boden zu sitzen ist ehrlich gesagt ziemlich unbequem. Philipp Amthor hat seine Füße auf zwei verschiedenen Treppenstufen und bewegt sich die ganze Zeit fast überhaupt nicht. Er sieht auch auf dem Boden aus wie ein Staatsmann, der eigentlich nicht Mitte 20 sein kann und ein Deutschlandfläggchen am Anzugkragen trägt. Ich wechsle permanent die Sitzhüfte, den Balancefuß, versuche, das Handy auf den Knien zu halten, den Fragezettel in der Hand, und beides nicht in die Spree fallen zu lassen. Tolle Idee mit dem Ausflug.

Philipp Amthor erzählt aus seinem Wahlkreis in Mecklenburg-Vorpommern. Dort hätten viele Leute das Gefühl, ihre Realität werde in der öffentlichen Diskussion nicht wahrgenommen. »Schlimm geworden ist es durch 2015. Die Flüchtlingspolitik der Regierung ist anfangs von den Medien sehr unkritisch behandelt worden. Viele Menschen hatten deswegen das Gefühl, dass ihre politische Wahrnehmung eine andere ist als die Realität, die ihnen durch Journalisten verkündet wird. Das hat für einen Split gesorgt, der viele Ostdeutsche zur AfD gebracht hat. Sie hatten das Gefühl, dass ihnen in Medien und Politik nicht die Wahrheit gesagt wird. Das hat sie an die DDR erinnert. Dieser Vergleich ist krass, aber ich höre ihn tatsächlich oft, wenn ich in der Heimat unterwegs bin.«

Ich höre solche Vergleiche zwischen dem heutigen und dem DDR-System tatsächlich auch oft, wenn ich mit Ostdeutschen rede. Und Zahlen bestätigen diesen Eindruck. Laut einer von der *ZEIT* in Auftrag gegebenen Studie des Berliner Instituts Policy Matters finden 41 Prozent der Ostdeutschen, man könne seine Meinung heute nicht freier oder sogar weniger frei äußern als zu DDR-Zeiten.

In Sachen Medien glaube ich, dass es da oft an Verständnis fehlt, wie diese funktionieren: Journalistinnen *müssen* auswählen und zusammenfassen. Dabei machen sie sicherlich Fehler und sind mal zu einseitig. Aber manche Ostdeutsche vermuten hinter Fehlern bewusste Täuschung durch Einzelne – oder gar einen ganzen Staatsapparat. Das ist keine Dummheit. Das ist das Geprägtsein durch einen Staat, in dem keine Pressefreiheit herrschte. Dieses Misstrauen bringt, neben vielem anderen, einige Leute zur AfD.

In Philipp Amthors Wahlkreis wurde die AfD bei der Bundestagswahl 2017 zweitstärkste Kraft, sie bekam 23 Prozent der Zweitstimmen. Amthor traue ich zu, einige dieser Wähler zurückzugewinnen. Deswegen bin ich froh über einen Politiker wie ihn; auch wenn ich in vielen Punkten ganz anderer Meinung bin. Aber auch Wähler, die ultrakonservativ oder rechts denken, brauchen ein glaubhaftes demokratisches Angebot. Das kann Philipp Amthor sein. Er ist erzkonservativ. Und durch und durch Demokrat. Wenn er argumentiert, dann meist nicht mit Ideologie. Sondern stets mit dem Gesetz; so, dass man seine Argumente in einem Rechtsstaat gut akzeptieren kann.

Ein Begriff, den Philipp Amthor häufig nutzt, ist *Heimat*.

»Was bedeutet Heimat für Sie?«, frage ich ihn.

»Erst mal ist hervorzuheben, dass Heimat etwas Positives ist. Viele Leute assoziieren etwas damit. Heimat bedeutet vor allem etwas Kulturelles. Die Art und Weise, wie man spricht, die Tradition. Das Sich-zu-Hause-und-sich-verankert-Fühlen. Doch auch politisch ist die Frage nach Heimat relevant – deswegen trägt seit dieser Legislaturperiode das Innenministerium auch ganz explizit den Titel *Heimatministerium.*«

»Wozu braucht es das Ihrer Meinung nach?«

»Es geht im Kern darum, die Frage der Gleichwertigkeit verschiedener Lebensverhältnisse aufzuwerfen. Wir haben im Moment den Kernspalt der Gesellschaft zwischen den großen Globalisierungsgewinnern, die sich nirgendwo oder überall heimatlich verankert fühlen, weil sie heute hier sind und morgen dort; und denjenigen, die sich zurückgelassen fühlen. Darauf müssen wir Antworten geben können.«

Persönlich finde ich den Zusatz Heimatministerium schwierig. So ein Ministerium bringt viel Ärger. Viele Menschen empfinden das Ministerium, oder sogar den Begriff *Heimat*, als ausschließend – die Journalistinnen Fatma Aydemir und Hengameh Yaghoobifarah haben zum einjährigen Bestehen des Ministeriums sogar ein ganzes Buch herausgegeben, »Eure Heimat ist unser Albtraum«. Den Ertrag eines Heimatministeriums stelle ich mir hingegen gering vor. Ich habe zumindest noch von keinem gehört, der jetzt weniger wütend ist, weil eine Institution an Rosamunde-Pilcher-Filme erinnert.

Den Begriff *Heimat* nutze ich selbst. Ich will ihn nicht ausschließend verstanden wissen – alle dürfen sehr gern Magdeburg ihre Heimat nennen, egal, wie lange sie dort leben; und alle sind meinetwegen jederzeit herzlich eingeladen. Für mich bedeutet Heimat: Ich komme von da. Ich verstehe die Leute, die Codes und den Ort. Deswegen würde ich nach der ganzen Beschäftigung mit dem Thema mittlerweile sogar Ostdeutschland als so etwas wie meine Heimat im Großen bezeichnen.

»Ist Ostdeutschland auch Heimat für Sie?«, frage ich deswegen Philipp Amthor.

»Ja und nein, denn man muss sich ja schon fragen: Was ist denn eigentlich das Verbindende von Mecklenburg bis nach Thüringen?«

Ein Mann und ein Junge laufen an uns vorbei, Vater und Sohn vielleicht. Der Mann unterbricht uns, entschuldigt sich und wendet sich dann an Philipp Amthor: »Wir müssen kurz Hallo sagen. Ein Danke in den Norden!« *Osten* hätte jetzt natürlich besser in die Geschichte gepasst.

Philipp Amthor erzählt dann doch noch, dass er schnell herausfinde, ob jemand ost- oder westsozialisiert sei. »Das merke ich immer wieder an den Begriffen. Da gibt es den schönen Satz: ›Komm doch mal um Dreiviertel vier ins Jupi-Leiter-Zimmer und bring den Polylux mit.‹« Also: Komm um 15.45 Uhr ins Jungpionierleiterzimmer und bring den Overheadprojektor mit. »Ein Lehrer hat mir den erzählt – keiner seiner neuen westdeutschen Kollegen habe 1990 etwas aus diesem Satz verstanden.«

Wir lachen. Er setzt noch hinzu: »Es gibt so viele schöne Begriffe. Das Skateboard, wissen Sie, wie das in der DDR hieß?«

»Wie?«

»Rollbrett! Super, oder?«

* * *

Als Philipp Amthor wieder in sein Büro geht, um Bundestagsabgeordneter zu sein, nehme ich mein Fahrrad und schiebe es in Richtung Brandenburger Tor, das nur ein paar Hundert Meter entfernt steht.

Das Brandenburger Tor stand, als Deutschland durch eine Mauer geteilt war, mitten im Sperrgebiet. Da war die Welt zu Ende. Man kam weder von Ost noch von West ran.

Ich bleibe stehen auf der Straße des 17. Juni, ehemaliger Westen. Ich versuche, mir die Mauer vorzustellen. Es geht nicht. Dutzende Menschen spazieren vor mir durch das Brandenburger Tor, es sieht zu selbstverständlich aus.

So viele Fäden meines Lebens hängen daran, dass diese Mauer nicht mehr steht. Ich könnte nicht wohnen, wo ich wohne. Hätte nicht studieren können, wo ich studiert habe. Könnte nicht arbeiten, was ich arbeite. Würde die Hälfte meines Freundeskreises nicht kennen. Ich könnte nicht hier stehen. Und Philipp Amthor hätte nie die Möglichkeit gehabt, ein kleines Stück hinter mir in seinem Büro zu sitzen und die Geschicke eines geeinten Deutschlands mitzulenken.

Zuerst fand ich es überraschend, dass ein konservativer Patriot ein Problem mit einem ostdeutschen *Wir* hat. Aber eigentlich ist es das nicht, er will nun einmal am liebsten von einem deutschen *Wir* sprechen. Meinetwegen kann es dieses deutsche *Wir* auch geben. Aber ich glaube, momentan sind bei der *deutschen* Perspektive sehr viele Perspektiven noch nicht eingeschlossen, die auch zu diesem Land gehören. Damit meine ich nicht nur die ostdeutsche. Sondern eben auch die viet-, türkisch-, oder afrodeutsche; oder beispielsweise auch muslimische Perspektiven oder jüdische, oder die Perspektiven von homosexuellen Menschen. Bis alle Gruppen ganz selbstverständlich auch zu einem deutschen *Wir* gehören, ist es doch sinnvoll, dass die jeweilige Gruppe ein eigenes bildet. Um sichtbar zu sein – wobei ein Mensch natürlich auch mehreren Gruppen zugehörig sein kann.

Eine Aussage von Philipp Amthor ist mir noch besonders im Kopf: »Die meisten Menschen haben sich (...) *arrangiert.* Das kann ich nachvollziehen.«

Ich kann das auch nachvollziehen. Aber ich finde es trotzdem bemerkenswert, dass Philipp Amthor das ähnlich sieht. Er besteht schließlich darauf, dass heutzutage jeder junge Mensch alle Möglichkeiten habe – trotz struktureller Unterschiede, die zwischen verschiedenen Bevölkerungsgruppen bestehen. Bei ihm klingt es, als würde von strukturellen Unterschieden zu sprechen gleich Schlechtreden bedeuten. Nicht meine Meinung, aber legitim. Interessant ist aber, dass er dann offenbar trotzdem so eine Art Zwang damaliger Strukturen anerkennt.

Philipp Amthor und ich haben bei all unserer Unterschiedlichkeit einen gemeinsamen Punkt darin, dass wir nachvollziehen können, dass sich Leute mit dem DDR-System arrangiert haben.

Da denke ich noch mal an die Transformationskompetenz der Wendekinder. Die haben wir Nachwendekinder in dieser Form nicht, weil wir die Transformation, die DDR, die Wende und die 1990er-Jahre nicht bewusst erlebt haben. Aber vielleicht eint uns eine andere Kompetenz: Wir können oft verstehen, was es bedeutet, all diese Erfahrungen erlebt zu haben. Auch emotional. Das ist doch auch ein Vorteil, auch eine Kompetenz. Eine Verständniskompetenz.

Denn es gibt noch immer genügend Leute, die das nicht nachvollziehen können. Die in der festen Überzeugung durchs Leben gehen, sie wären auf jeden Fall in einen wie auch immer gearteten Widerstand gegangen, und die (insgeheim oder offensichtlich) Ostdeutsche dafür verurteilen, dass sie das nicht taten. Und es gibt eben noch immer Leute, die die Umbrucherfahrung nicht nachvollziehen können und deswegen von *Ossi-Gejammer* sprechen, wenn man sie thematisiert, wie mein westdeutscher Bekannter.

Die Verständniskompetenz der Nachwendekinder kann da helfen. Wir können Übersetzerinnen sein. Aber auch Zeuginnen. Für die ostdeutsche Erfahrung.

10 Gemeinsame Erfahrungen und ein Missverständnis

Offensichtlich sind wir älter geworden. Eine Freundin ist zum Filmschauen vorbeigekommen. Nicht mit Bier und Chips. Sondern mit Eiern und Feldsalat, damit wir schön Stulle-Zeit (statt Brotzeit) machen können. Zum Glück hat meine Freundin ungefragt Cookies mitgebracht. Wir platzieren uns mit den selbst geschmierten Stullen, selbst gemachtem Salat und einem Kännchen Yogi-Tee vor dem Laptop, und ich beruhige mich damit, dass ich am Wochenende in einer Bar verabredet bin, in der man noch rauchen kann.

Wir wollen *Gundermann* sehen. Ein Film vom ostdeutschen Regisseur Andreas Dresen, 2018 herausgekommen und mehrfach ausgezeichnet sowie bejubelt dafür, dass man durch ihn Ostdeutschland ein bisschen besser verstehe. Es geht um Gerhard Gundermann, einen Baggerfahrer, der zu DDR-Zeiten für die Stasi arbeitete, in den 1990er-Jahren einer der prägendsten Liedermacher Ostdeutschlands wurde, 1998 mit 43 Jahren starb und bis zu seinem Tod in Westdeutschland nahezu unbekannt blieb. Auch ich wusste bis zu dem Film nichts von seinen Liedern (mittlerweile schon, zum Glück. Hörempfehlung: *Gras, Linda, Hier bin ich geboren*).

So viele (ostdeutsche) Freundinnen haben mir schon

erzählt, wie traurig und froh gemacht, wie zu Tränen gerührt sie *Gundermann* habe. Deswegen kann ich diesen Teil meiner Reise auf dem Sofa verbringen. Meine Freundin kommt aus Westdeutschland. Ich will auch sehen, ob wir den Film mit anderen Emotionen schauen. Und wie groß die sind.

Wir schalten ein und schauen Gundermann zwei Stunden lang dabei zu, wie er Bagger fährt und Lieder schreibt. Wie er lebt, singt, liebt, wie er für die Stasi spitzelt. Schnell verstehe ich, warum viele Ostdeutsche diesen Film so lieben. Er ist differenziert.

Gundermann wird nicht als Bösewicht hingestellt, weil er für die Stasi arbeitet. Aber auch nicht als Held, weil er dazu später steht. Gundermann wird dargestellt, wie Menschen eben sind: manchmal scheiße, meistens in Ordnung. Den Tränen nah bin ich einmal, als Gundermann vor Kolleginnen in seiner Kohlegrube spielt, die bald schließen muss, und die Kamera die Gesichter der Bergarbeiter zeigt, die unberührt wirken wollen, aber es nicht sind. Eine Szene, die klarmacht, warum – auch wenn wir wissen, dass der Kohleabbau aufhören muss – nicht alles immer so einfach ist.

Mein Lieblingscharakter ist nicht Gundermann, sondern Helga. Die ist Baggerfahrerin (in der DDR war das ein Job für alle Geschlechter, warum auch nicht) und seine Kollegin. In einer Szene nach der Wende kommt Helga in die Baggerkabine, um Gundermann abzulösen. Der will ihr gestehen, dass er bei der Stasi war, und probiert es mit einer Metapher. Spricht ausschweifend vom Leben, das ja ein großes, wackliges Regal sei, bei dem man nicht verstehe, wie einige Schubladen ganz unten da hineingeraten seien. Helga dreht sich um, guckt ernst. Spannung. Wie wird sie damit umgehen? Helga: »Gundi, du musst dich mal wieder richtig ausschlafen.«

Es geht dann ein paarmal hin und her zwischen ihnen, bis Gundi seinen Mut zusammennimmt und schließlich doch sagt: »Ich war bei der Stasi, Helga.« Kurze Pause. Dann sagt Helga: »Dacht ich mir, mein Junge. Aber was willste machen.«

Während dieser Szene gebe ich auf der Couch leise Entzückungslaute von mir. Helga erwärmt mein Herz. Zwischendurch schaue ich immer wieder rüber zu meiner Freundin. Ich bin sehr unauffällig. Wenn sie rüberschaut, beiße ich schnell in einen Cookie. Keine Entzückungslaute von ihr.

Nach dem Film frage ich sie nach ihrer Meinung. Sie sagt, der Film habe sie nicht überrascht, weil natürlich nichts im Leben schwarz oder weiß sei, auch keine ehemaligen Stasi-Mitarbeiter. Aber sie könne sich vorstellen, dass das bisher oft untergegangen sei. Dann schaut sie mich an und fragt: »Dich hat der Film noch mal ganz anders gepackt, oder?«

Ich erzähle von Helga, die mir so vertraut vorkommt.

»Es ist ein bisschen, als hätten sie einige von Helgas Sprüchen von unseren Familienfeiern geklaut«, sage ich. »›Was willste machen‹, ›Ich sach nüscht‹ oder diesen Tipp, sich mal auszuschlafen, wenn man hochtrabend daherredet.«

Mir fallen dabei noch viel mehr Originale ein. Papa: »Wer sich aufregt, regt sich auch wieder ab.« Mama: »Es ist, wie es ist, kannst du nicht ändern.« Oma (nachdem ich frage, ob sie sich aufs Osterfeuer freue): »Na ja, was soll ich sagen? Wird schon alles.«

»Das klingt vielleicht komisch«, sage ich in der Küche, »aber besonders hat mich Helga an meine Omas erinnert. Dieser ehrliche, klare, wahre Ultrapragmatismus, kombiniert mit etwas Understatement.«

Noch nie hat mich eine Filmfigur an meine Omas erinnert.

»Eigentlich klingt das nicht komisch«, sagt meine Freundin. »Der Film hat es vielleicht geschafft, etwas Typisches einzufangen, das sonst nie deutlich wird. Mit dem du dich mehr identifizieren kannst, als ich es kann.«

Als ich später im Bett liege, kann ich nicht schlafen. Das liegt nicht nur an den Cookies. Mir geht durch den Kopf, was meine Freundin gesagt hat. Womit identifiziere ich mich denn da? Was ist das Typische an dem Film? *Gundermann* spielt zu einer Zeit, in der ich noch nicht geboren war beziehungsweise noch nicht einmal Kinderbagger fahren konnte.

Ich dachte bis jetzt immer, dass ich nicht beurteilen kann, ob ein Film über die DDR authentisch ist oder nicht, weil ich zu dieser Zeit noch nicht gelebt habe. Diese Annahme wurde dadurch verstärkt, dass ich mich sowieso schon oft erklären muss, wieso gerade ich denn jetzt noch etwas zur DDR, zum Osten an sich sagen könne.

So oft habe ich mich vorauseilend gerechtfertigt, weil ich mir nicht vorwerfen lassen wollte, mir diese Perspektive zu Unrecht anzueignen. Aber ich kann das beurteilen, natürlich kann ich das.

Jetzt wundere ich mich fast darüber. Weil ich merke: Ich kann das beurteilen, natürlich.

Die Klamotten, die Umgebung, der Typ Mensch, der

mich an meine Familie erinnert, der Dialekt. Das kommt mir alles bekannt vor. Natürlich tut es das. Ich bin schließlich dort aufgewachsen, wo die DDR mal existierte. Nur weil sie das nun nicht mehr tut, sind ihre Gebäude- und Kücheneinrichtungen und auch die Mentalität, die Folgen einer DDR-Sozialisation, ja nicht einfach mitverschwunden. Außerdem kenne ich Fotos, Erzählungen und meine Familie.

Deswegen kann ich sagen: *Gundermann* ist für mich ein authentischer Film über die DDR. Und der Erfolg des Films zeigt, wie groß die Sehnsucht danach offenbar ist.

Da fällt mir ein anderer Film ein. *Das Leben der Anderen.* Der spielt ebenfalls in der DDR, aber vermittelt einen ganz anderen Eindruck von ihr. Im Mittelpunkt steht ein Stasi-Mann, der in den 1980er-Jahren einen Dramaturgen überwachen soll. Es ist schon eine Weile her, dass ich ihn gesehen habe. Aber auf jeden Fall tauchte in dem Film keine Figur auf, die mich an ein Familienmitglied erinnerte. Auch sonst kam mir nichts daran vertraut vor. Das fand ich nicht schlimm. Es war eben ein Spielfilm. Erst jetzt, nach *Gundermann*, wird mir der Unterschied bewusst.

Ich stehe noch mal auf, setze mich an meinen Laptop und gebe »Das Leben der Anderen« bei Google ein. Sofort stolpere ich über eine Debatte um den Film, die erst ein paar Monate her ist.

Regisseur des Films ist Florian Henckel von Donnersmarck, veröffentlicht wurde *Das Leben der Anderen* 2006, der Film hat sogar einen Oscar gewonnen. Anfang 2019 beschuldigte der Schriftsteller Christoph Hein den Regisseur, dass *Das Leben der Anderen* nichts mit den tatsächlichen Verhältnissen in der DDR in den Jahren vor der Wende zu tun habe. Hein nannte den Film ein »Gruselmärchen, das in einem sagenhaften Land spielt«. Daraufhin wurde Hein Verharmlosung des DDR-Regimes vorgeworfen. Dabei hat Hein dieses sogar schon kritisiert – und auch unter ihm gelitten –, als es noch bestand. Irgendwie hat es etwas Tragisches, wenn jemand, der in der DDR sogar unter politischen Repressalien zu leiden hatte, sich offenbar genötigt sieht, klarzustellen, dass es *so schlimm* dann doch nicht war, zumindest nicht während der Endzeit dieses Staates.

Ich klicke mich durch Bilder und Videos von *Das Leben der Anderen*. Sehe Leute, Licht, Landschaft. Schaue die Gesichter an, die Kleidung, die Wohnungseinrichtungen. Alles wirkt irgendwie grau und düster. Es ist, als würde ich in eine fremde Welt schauen. Klar, die beiden Filme sind nicht vergleichbar, weil bei *Das Leben der Anderen* der Überwachungsstaat im Fokus steht. Aber der Film hat, glaube ich, vielen das Gefühl gegeben, sie könnten keinen anderen Eindruck von der DDR haben, außer dass sie so war; dass sie ausschließlich der Überwachungsstaat war. So war es zumindest bei mir. Aber natürlich kann man die DDR-Geschichte auch anders ins Bild setzen. Nicht wenn es um das Regime geht, das nicht, aber über die Menschen dort und das Erlebte kann man anderes erzählen.

Und vom Letzteren, vom Alltag, kann ich, ein bisschen, miterzählen – auch wenn mir das immer wieder abgesprochen wird. Mich wundert, dass ich mir das selbst lange abgesprochen habe.

* * *

Ein paar Wochen später treffe ich ein Nachwendekind, dem die ostdeutsche Perspektive noch nicht abgesprochen wurde. Aber nur, weil es noch überhaupt nicht das Bedürfnis hatte, sich diese anzueignen. Wenn auch aus anderen Gründen als Philipp Amthor.

Mai Ly Bui kommt aus Wismar an der Ostsee, aber wir verabreden uns in Hamburg, wo sie heute lebt, in einem Restaurant im Zentrum. Es ist warm und der Laden voll. Mai Ly sitzt draußen auf einer der einfachen Bierbänke aus Holz. Ich setze mich dazu. Sie lächelt mir neugierig entgegen und macht den Eindruck, als ob sie noch nicht ganz verstehen könnte, warum ich sie treffen will.

Als wir das erste Mal telefonierten, wollte ich von ihr wissen, ob sie sich ostdeutsch fühle. Mai Ly überlegte lange und sagte schließlich nur: »Was ist denn ostdeutsch?« Sie wirkte, als ob sie nicht einmal mit der Frage etwas anzufangen wüsste. Das fand ich spannend – denn Mai Ly hat die Welten zwischen Ost und West gleich mehrfach gewechselt.

Aufgewachsen ist sie in Wismar, als Jugendliche zog sie erst nach Schleswig-Holstein, dann nach Hamburg, machte dort Abitur, ging für das Studium aber zurück in den Osten nach Greifswald und lebt heute schließlich wieder in Hamburg, wo sie eine Ausbildung zur Psychotherapeutin macht. Mai Lys Wurzeln sind, so sagt sie das, vietnamesisch. Ihre Eltern kamen als sogenannte Vertragsarbeiter in den 1980er-Jahren in die DDR. Aus keinem anderen Staat sind so viele Menschen in den untergegangenen deutschen Staat eingewandert, zur Wendezeit waren es 60 000 Menschen. Noch heute leben mehr Vietnamesen beziehungsweise Vietdeutsche im Osten als im Westen.

»Ich fühle mich nicht ostdeutsch, weil ich mich nicht nur deutsch fühle«, sagt Mai Ly. »Klar, ich fühle mich Deutschland verbunden, sehe Wismar auch als meine Heimat an. Gleichzeitig fühle ich mich aber auch vietnamesisch, deswegen unterscheide ich in Deutschland nicht zusätzlich in Ost und West.«

Ob ihre vietnamesische Identität etwas mit meiner ostdeutschen zu tun hat?

»War das schon immer so, dass du dich auch vietnamesisch gefühlt hast?«, will ich wissen.

»Mir war es schon immer klar, weil andere es mir klargemacht haben«, sagt sie.

In der Schule seien ihr Wörter hinterhergeworfen worden, die man Leuten nicht hinterherwirft (zum Beispiel *Fidschi* – in Ostdeutschland ein noch immer geläufiger Begriff, obwohl er rassistisch ist).

Ihren Eltern sei stets wichtig gewesen, dass sie besonders gut in der Schule sei und sie als Familie Weihnachten feierten, weil ihre Schulkameradinnen das auch getan hätten. »Sie haben sich so bemüht, wie die anderen zu sein, dass ich dadurch bemerkte, dass wir anders sind«, sagt Mai Ly. Aber seit einigen Jahren habe sich etwas geändert. »Je älter ich werde, desto mehr beschäftige ich mich mit Vietnam und meiner Herkunft. Und je mehr ich das tue, desto vietnamesischer fühle ich mich. Ich eigne mir das selbst an.«

Klingt total wie meine Ossi-Werdung.

Mai Ly will im Gegenzug von mir wissen, wieso ich mich ostdeutsch fühle. Also berichte ich von den vielen Momenten, in denen ich plötzlich das Gefühl habe, etwas verteidigen zu wollen. Mai Ly sitzt mir gegenüber und nickt die ganze Zeit, als ob ihr das sehr bekannt vorkäme. Und dann erzählt sie selbst. Wie sie Wismar in Schutz nehme, wenn westdeutsche Freunde die Stadt kritisierten. Wie es sie ärgere, wenn die Wismar besuchten und überrascht wirkten, dass ihnen die Stadt gefalle. Und wie ein westdeutscher Lehrer einmal zu ihr sagte: »Ah, du kommst aus dem Osten. Mal sehen, was du draufhast.«

»Das war für mich erschütternd. Für mich gab es bis dahin einfach nur Deutschland«, sagt Mai Ly.

Das, was sie schildert, klingt gar nicht so anders als meine Ossi-Momente. Bei mir führten sie dazu, dass ich mich ostdeutsch fühle. Mai Ly konnte mit der Frage nicht einmal etwas anfangen. Ich frage sie, wieso sie glaubt, dass das so ist.

»Weil ich selbst einfach nicht in Ost und West denke. Erst als du davon erzählt hast, ist mir das alles wieder eingefallen. Es sind eher andere Leute, die mich darauf hinweisen.«

»Wenn dir noch mehr einfällt, könnte es passieren, dass du dich irgendwann auch ostdeutsch fühlst?«

»Nicht so stark wie bei dir, glaube ich. Ich bin an Vorurteile gewöhnt, deswegen hat das Ossi-Label mit mir nicht so viel gemacht wie mit dir. Mir war schon immer bewusst, dass ich *von woanders* komme.«

Wir reden noch eine ganze Weile. Es ist ein sonniger Tag. Die Leute trinken Bier und lachen. Eine Kreuzung im Hintergrund, Autos, Altbauten. Würde ich nur ein Foto von dieser Szene sehen, ich könnte nicht sagen, in welchem Landesteil sie spielt.

Der Zug zurück nach Berlin ist leer. Ich laufe nach hinten durch, bis ich einen freien Vierer-Platz ergattere. Mit Tisch. Und kein schreiendes Kind im Abteil, keine sektselige Reisegruppe. Es sind die kleinen Momente im Leben. Ich werfe auf jeden Sitz eine Gliedmaße, breite meinen Tascheninhalt auf dem Tisch aus und hole den Laptop raus, um dann aus dem Fenster zu schauen. Dort zieht erst Mecklenburg-Vorpommern (flaches Land, ab und an ein Pferd, Bäume), dann Brandenburg (flaches Land, mehr Bäume) vorbei. Ich lehne meinen Kopf gegen das Fenster, schaue auf die vorbeifliegende Landschaft.

Mai Lys und meine Identitätsfindung sind nicht vergleichbar, weil ich nie Rassismus erlebt habe. Doch gibt es Parallelen: erst die Zuschreibung durch andere, dann das Aneignen. Das Mehr-Werden. Und dann noch das, was sie über ihre Eltern gesagt hat. Mit denen hat Mai Ly nie viel über deren Geschichte gesprochen. Sie glaubt, dass das nicht ergiebig wäre. Ihre Eltern hätten arbeiten müssen, um zu überleben, und keine Zeit gehabt, sich über den Rest Gedanken zu machen.

Das passt wieder zu der These, dass Ostdeutsche in einigen Punkten wie Migranten seien. In der Migrationsforschung heißt es, dass die erste Generation einer Familie, die aus einem anderen Land nach Deutschland einwandere, selten ihre eigene Stellung in der Gesellschaft reflektiere. Sie sei damit beschäftigt, anzukommen und dafür zu sorgen, dass ihre Kinder Hausaufgaben machten. Erst diese Kinder, die zweite Generation, hätten Zeit und Raum für Reflexion. Sie begännen, Fragen zu stellen: ihren Eltern, der Gesellschaft.

Der Soziologe Aladin El-Mafaalani zum Beispiel vergleicht den Integrationsprozess mit einer Tischgesellschaft, in der jeder sein Stück vom Kuchen will. Bezogen auf Menschen mit internationaler Geschichte beschreibt er den Prozess so: Die erste Generation von Einwanderern sei froh, überhaupt dabei zu sein, und begnüge sich mit einem Platz auf dem Boden. Die Nachkommen der Einwanderinnen würden sich bereits mit an den Tisch setzen und auch ein Stück vom Kuchen wollen. Die Enkel-Generation sei aber nicht mehr damit zufrieden, den servierten Kuchen einfach mitzuessen. Sie wolle auch bestellen. Sie wolle mitentscheiden, was gegessen werde. Laut El-Mafalaani gilt das für Menschen mit Migrationsgeschichte, für Homosexuelle, für Menschen mit Behinderung, Frauen, Muslime, Nichtweiße – und auch für Ostdeutsche.

Meine Eltern mussten ganz bestimmt nicht so kämpfen wie die von Mai Ly. Aber auch sie sind irgendwie sprachlos, wenn es um Ostdeutschland und ihre Identität geht. Sie haben das ganze Thema nie groß reflektiert, bis ich anfing nachzufragen. Sie sind die Generation in diesem wiedervereinigten Deutschland, die erst mal ankommen, sich orientieren und Fuß fassen musste. Und wir Nachwendekinder? Wir können nun, mit etwas Abstand, reflektieren, was in den vergangenen Jahrzehnten eigentlich passiert ist. Und wir stellen Ansprüche. Wir wollen, dass die Geschichte unserer Eltern, die auch unsere ist, gesehen wird.

Mir fällt auf, eigentlich habe ich mit meinen Eltern damals nur über mich und mein Ossi-Gefühl gesprochen. Ich habe sie nie gefragt, wie sie eigentlich durch die Nachwendezeit gekommen sind. Das kommt auf meine Reise-To-do-Liste.

Ich klappe doch noch meinen Laptop auf und klicke mich durch die Notizen meiner Gespräche über Ossi-Identitäten. Was mir nicht einleuchtet, ist die erste Reaktion, auf die ich immer wieder bei dem Thema treffe. Ganz viele Gespräche mit Ostdeutschen, jungen wie alten, laufen ähnlich ab: Ich fange an, vom Osten zu reden, vom jungen ostdeutschen Gefühl. Und meine Gesprächspartnerinnen wehren das irgendwie ab. Entweder scheinen sie nicht einmal mit der Frage etwas anfangen zu können, oder sie betonen, dass es nicht mehr zeitgemäß sei, in solchen Kategorien zu denken.

Ich dachte in den ersten Momenten dieser Gespräche stets: Gut, sie haben wohl einfach nicht die Erfahrungen gemacht, die bei mir zu meinem Ossi-Gefühl führten. Oder haben einfach eine andere Meinung. Aber dann stellte sich meist schnell heraus, dass wir oft sogar einer Meinung sind. Und dass sie viele Unterschiede genauso wahrnehmen wie ich.

Das war bei Philipp Amthor so, mit der Bewertung der DDR und den »blöden Sprüchen« über Ostdeutsche, die auch er kennt; so war es bei Mai Ly, die sich ebenso an den Vorurteilen ihrer westdeutschen Freunde stört. Und so war es auch in vielen anderen Gesprächen, in denen ich zuerst ein genervtes Augenrollen erntete – und das Gegenüber dann von selbst anfing, Unterschiede zwischen Ost und West aufzuzählen. Ich glaube langsam, dass dieses erste Augenrollen, diese ganze Abwehr, entweder auf einer Wunschvorstellung, einer Tarnung oder einem Missverständnis beruht.

Die Wunschvorstellung ist, dass es zwischen Ost und West wirklich keinen Unterschied mehr gebe.

Die Tarnung besteht darin, dass man nicht in Verdacht geraten will, zu den *Jammerossis* zu gehören. Auch viele Ostdeutsche haben die Vorurteile verinnerlicht.

Und dann ist da noch das Missverständnis. Das äußert sich darin, dass ich vom Osten rede und manche Leute zu denken scheinen, ich stellte damit die Wiedervereinigung infrage. Oder behauptete, wir seien gespalten. Aber darum geht es nicht. Es ist eher wie mit dem Putzen in einer WG. Wenn das mal nicht so gut funktioniert, muss man drüber reden, weil vielleicht nicht alle merken, dass es überhaupt ein Problem gibt.

Aber nur weil mal ein paar Haare im Duschsieb hängen, zweifelt man ja nicht gleich an der Wohngemeinschaft an sich. Oder fragt sich gar, ob diese Gemeinschaft eigentlich wirklich existiert. Man teilt doch auch ganz viel neben den Problemen: Brot, Wassersprudler, Zahnbürsten. Erinnerungen an gemeinsames Kochen in der Küche oder einhelliges Fluchen im Bad. Spricht man Probleme an, zeigt das, dass man an einer Lösung arbeiten will. Sonst könnte man ja einfach ausziehen. So stellt man halt einen Putzplan auf.

Ich will Gesamtdeutschland nicht auflösen. Ich will nur, dass Ost und West ehrlich über die Probleme reden. Damit's gerecht läuft in der Wohngemeinschaft.

11 Platten: Lost und spannend

In Teschendorf, einem kleinen Ortsteil der brandenburgischen Gemeinde Löwenberg mit nicht einmal 1000 Einwohnerinnen, steht direkt an der Bundesstraße, auf der Lkws vorbeibrettern, ein roter Container, davor Sonnenschirme im Nestlé-Hellblau. Das *Curry B96*: eine Imbissbude, an der man Berliner Curry- und Thüringer Rostbratwurst kaufen kann, beides laut Schild »Original«. Der Kaffee kostet 1,50 Euro, die Dose Red Bull zwei Euro, Bouletten gibt es auch. Eine Oase für alle Autoreisenden.

Ich stehe vor der Oase und bestelle dreimal Kaffee. Der Mann hinter dem Tresen zeigt keine Reaktion, er unterhält sich gerade mit einer Frau. Okay, denke ich, probiere ich es eben gleich noch mal, und setze mich an einen der Tische. Zwei Minuten später stehen drei Tassen Kaffee vor mir. Der Mann hat sie abgestellt. Ganz selbstverständlich. Er setzt sich dazu, redet, als würden wir uns schon lange kennen, und schimpft über teure Stromanbieter. Das ist für mich so ostdeutsch: bloß keine falsche Höflichkeit. Aber wenn die Leute dann mit dir reden, weißt du wenigstens, dass sie es auch wirklich wollen. Ich mag ihn gleich.

Die zwei anderen Kaffees sind für Theresa und Kathleen, die mit am Tisch sitzen. Sie kennen den *B96*-Mann schon und schmunzeln. »Wir sind auf dem Weg nach Neubrandenburg«, erklärt Theresa ihm. »Und wir dachten, wo sollen wir anhalten und Pause machen, wenn nicht hier«, sagt Kathleen. Der Mann: nickt.

Theresa und Kathleen sind Filmemacherinnen und fahren diese Woche die Bundesstraße 96 entlang, um für ein Projekt zu Ostdeutschland zu recherchieren. Die B96 verläuft einmal durch den ganzen Osten, von der Oberlausitz bis an die Ostsee.

Theresa Bacza ist 1988 geboren und kommt aus Thüringen. Sie studiert an der Filmakademie Ludwigsburg in Baden-Württemberg Produktion und ist wie ich erst vor einigen Jahren zur Ostdeutschen geworden – als eine ältere Dame auf der Schwäbischen Alb ihr ganz entzückt erzählte, dass sie neulich im Osten gewesen sei: Die Leute seien dort ja *so nett* (Theresa betont dieses *so nett*, als ob sie gerade ein entzückendes kleines Elefantenbaby im Zoo entdeckt hätte). Von ihr kommt auch die Idee zu diesem Filmprojekt: eine dokumentarische Webserie über Ostdeutschland, in der nur Ostdeutsche zu Wort kommen.

Kathleen Witt übernimmt die Regie. Geboren ist sie 1983 in Ostberlin. Zwei Wochen vor dem Mauerfall ist sie mit ihren Eltern, ganz legal, in den Westen ausgereist und anschließend in Hessen aufgewachsen. Im Osten hat sie nie wieder gelebt, als Ossi fühlt sie sich seit der zweiten Klasse, weil ihre Schulkameraden sich über ihren Dialekt und ihre Bomberjacke lustig machten. Dass in Kathleens Personalausweis als Geburtsort »Berlin-Köpenick« steht, hat ihre Mutter immer gefreut – obwohl sie, die Mutter, es war, die unbedingt in den Westen ausreisen wollte.

Theresa und Kathleen sind beide auf der B96 unterwegs, weil sie die Serie an der Bundesstraße entlang erzählen wollen. Ich begleite sie einen Tag lang, von Berlin nach

Neubrandenburg in Mecklenburg-Vorpommern. Eineinhalb Stunden Fahrt liegen von Teschendorf aus noch vor uns. Wir verabschieden uns vom Curry-Chef. Kathleen: »Mach's jut, wa!« Er hebt die Hand.

Theresa sitzt am Steuer, Kathleen daneben, ich dahinter. Wir reden ununterbrochen. Pingpongartig spielen wir uns Fragen, Ossi-Momente, Erkenntnisse zu, während Felder an uns vorbeiziehen, Dörfer, noch kleinere Dörfer und Schilder, die frischen Spargel hinter der nächsten Ecke versprechen. Vieles von dem, was die beiden sagen, entspricht dem, was ich auf meiner bisherigen Reise erfahren und erlebt habe. Sie erzählen zum Beispiel, wie eindringlich sich Ostdeutsche an die Nachwendezeit erinnern – und wie wenig diese Zeit im kulturellen Gedächtnis Westdeutscher vorkommt. Kathleen lebt in Frankfurt am Main und spricht aus Erfahrung. »Die Leute im Westen glauben, dass mit der Wende im Osten plötzlich alles so war wie im Westen. Die verstehen gar nicht, dass Ost und West auch in den 1990er-Jahren noch komplett andere Welten waren.« Ich fühle mich da im Auto die ganze Zeit wie jemand, der beim Fußballgucken seiner siegenden Mannschaft zujubelt: Ganz genau so! Ja, ja, ja!

Wir drei kennen uns erst seit ein paar Stunden. Trotzdem herrscht zwischen uns viel Vertrautheit. Vielleicht ist sie gar nicht so unerklärlich. Wir sind ungezwungen. Ich habe nicht das Gefühl, vorsichtig sein zu müssen. Und auch keine Befürchtung, dass mir gleich jemand Spaltung vorwirft. Ganz bestimmt fehlen in diesem Moment wichtige Perspektiven. Aber es tut gut, zu merken, dass ich nicht alleine suche. Und finde.

Wir kommen in Neubrandenburg an, alle drei zum ersten Mal. Eine Stadt in der Mecklenburgischen Seenplatte, drittgrößte des Bundeslandes, rund 65 000 Einwohnerinnen.

Nachdem wir das Auto abgestellt haben, laufen wir durch die Stadt und schauen uns um. In der einen Straße stehen Fachwerkhäuser. In der nächsten liegt eine Einkaufspassage. Einmal stehen wir plötzlich vor einer riesigen Kirche aus Backstein, 700 Jahre alt. Der Stadtkern ist umgeben von einer kleinen Mauer mit vier Toren – und gilt als eine der besterhaltenen gotischen Stadtbefestigungen Nordeuropas. Gegenüber von einem der Tore steht das Rathaus. Es ist ein riesiger Plattenbau aus den 1960er-Jahren. Neubrandenburg ist eine Stadt der Gegensätze. Oder auch: ein architektonischer Mischmasch. Wie so viele andere Großstädte im Osten. Mir gefällt das.

In Neubrandenburg ist nicht nur das Rathaus eine Platte. Überall stehen Platten. Groß, richtig groß. Aber es gibt sie selbst in Miniversion, nur zwei Etagen hoch, zwischen den Fachwerkhäusern.

Theresa, Kathleen und ich reden währenddessen im Fußballsprech weiter. Und wir sind alle Fans der gleichen Mannschaft: des FC Plattenbau. Ich beginne mein Plädoyer für die Platte – weil mich ihr schlechter Ruf nervt: »Es ist schon unfassbar, dass auf der ganzen Welt charakterlose Glashochhäuser stehen, aber ausgerechnet Platten gelten als Chiffre für die Orte, an denen man auf keinen Fall bleiben will. Obwohl das doch vorhandener, günstiger Wohnraum ist. Was soll das?«, rede ich mich in Rage. »Es *kann* einfach nicht sein, dass sich da alle so einig sind! Beim Bauhaus wird Minimalismus gefeiert, bei der Platte geht's gar nicht. Wenn sich alle so einig sind, dann hat das nichts mehr mit Geschmack zu tun, sondern mit einem bestimmenden gesellschaftlichen Narrativ, in dem es nicht mehr um Schönheit geht, sondern um das, was die Leute mit Platten verbinden. Uncool, elend, ostdeutsch. Es ist so schade, wie viele Gebäude ostdeutscher Geschichte einfach verschwinden sollen. In Potsdam werden so viele Häuser aus der DDR-Zeit abgerissen, obwohl Leute dagegen demonstrieren. Aber es hilft kaum.«

Kathleen nickt und erzählt vom Palast der Republik in Berlin. Der wurde zu DDR-Zeiten erbaut und ab 2006 abgerissen. Heute wird dort das Berliner Schloss wieder aufgebaut. »Ich war als kleines Kind ab und zu da, in Erichs Lampenladen, wie wir sagten. Mir hat das Herz geblutet, als der Palast abgerissen wurde, obwohl ich nicht mehr in Berlin lebte«, sagt Kathleen. »Mir ist einfach nicht klar, wieso der weniger wert sein soll als dieses Schloss. Dieser Abriss ist eine Negierung dessen, dass es die DDR mal gegeben hat.«

Ich habe den Palast der Republik nie gesehen. Aber mittlerweile finde auch ich den Abriss irgendwie traurig. An solchen Gebäuden hängt Erinnerung und damit auch Identität. Das müssten gerade die Schlossbefürworter wissen. Bauten sind ein Beweis der eigenen Vergangenheit, der Palast stand dafür, dass die DDR real existierte. Und das hat sie nun mal.

»Ich mag Platten jedenfalls«, rede ich weiter. »Und ich finde sie auch schön. Klar, wenn ich Platten heute anschaue, wirken die manchmal irgendwie *lost*. Aber eben auch *spannend*.«

Meistens werde ich bei meinem Platten-Vortrag seltsam

angeguckt. Und komme mir dann irgendwie bescheuert vor. Theresa und Kathleen schauen nicht so.

* * *

Die beiden fanden es lustig, dass ich Platten »lost und spannend« nannte. Deswegen bin ich ein paar Monate später noch einmal in Neubrandenburg. Das zweite Mal auf meiner Reise, das zweite Mal in meinem Leben, wieder mit Theresa und Kathleen, plus Tonmann und Kameramann. Nach unserer ersten Begegnung haben sie mich angerufen und gefragt, ob ich Teil ihrer Serie sein will. Auch sie wollen ergründen, was es mit der jungen Ost-Identität auf sich hat, und finden, ich würde sehr gut zu ihrem Film passen. Wegen der Platten. Und weil ich in der Schulzeit alle Landeshauptstädte auswendig gelernt habe, damit ich es Leuten vorwerfen kann, wenn sie Magdeburg nicht kennen – und das schon lange vor meiner ganz offiziellen Ossi-Werdung.

Bei unserem jetzigen Besuch konzentrieren wir uns auf Neubrandenburgs Oststadt, das größte Plattenbauviertel der Stadt. Ich soll die Schönheit der Platte entdecken, vor der Kamera. Ich habe erst gezögert. Denn ehrlicherweise ist bei meiner Platten-Liebe, bei allen flammenden Plädoyers, doch auch eine große Portion Trotz dabei. Ein Prinzipiending, weil ich das außer mir nie jemanden habe sagen hören. Ich habe ja noch nicht einmal selbst in einer gelebt. Ob ich Platten mögen würde, wenn ich kein Ossi wäre, kann ich nicht beurteilen. Sind Platten schön?

Drei Tage verbringen wir in der Oststadt. Das Viertel wurde ab den 1970ern erbaut. 1991 lebten hier noch 23500

Menschen, heute sind es noch 13 000. Alles wirkt noch immer wie eine Stadt in der Stadt. Es gibt einen Jugendclub und einen Asia-Imbiss, der gleichzeitig ein Späti ist. Und mehrere kleine Dönerläden, wo sie einen auf die Mitarbeiterinnentoilette lassen, wenn man nett fragt.

Wir haben keinen bestimmten Plan. Wir laufen einfach los, schauen uns um. In den Straßen stehen neue Platten, alte Platten. Aber auch Neubauten. Einige Häuser haben drei Etagen, andere mehr als zehn. Alle haben Balkone. Die sehen überall liebevoll gepflegt aus. Einige regelrecht aufgepimpt, mit diversen Schmetterlings- und Blumendekorationen. Von da aus blicken Leute, manchmal verwundert, herunter auf uns und unsere Kamera. Einmal sprechen wir mit ein paar Menschen, die gerade einen Umzugswagen beladen. Sie sagen: Nichts auszusetzen am Leben in der Platte. Nur sei es früher gemeinschaftlicher gewesen. Früher, zu DDR-Zeiten, waren Platten begehrt, wegen der Zentralheizung und dem Klo in der Wohnung (im Altbau gab's eben – wie überall – nur Kohleöfen und Toiletten im Treppenhaus). Die Platte war für jeden was. Hier lebten Handwerker neben Professorinnen. Eigentlich eine schöne Idee.

Am Eingang der Oststadt befindet sich an der ehemaligen Schülergaststätte ein Wandbild aus Meißener Kacheln, auf die ein wimmelndes Bild gemalt ist, in dem verschiedene Motive ineinander übergehen, mit harten Konturen und in warmen Farben. Es heißt *Kinder – Träume – Zukunft*, der aus Dresden stammende Maler Erhard Großmann hat es 1973 geschaffen. Links ein nacktes Paar, rechts Kosmonauten – das ostdeutsche Wort für Astronauten –, in der Mitte Kindergesichter. Es wirkt wie die Heilige Dreifaltigkeit, nur ohne Religion. Auf einem Spielplatz zwei Ecken weiter steht eine kleine Rakete, in die man hineinklettern kann und auf der »CO1« steht. Wir wissen nicht, was das heißt. Ich halte einen älteren Herren an und frage ihn, doch der ist auch ratlos. Nach 50 Metern dreht er sich aber noch einmal um und ruft, es sei ihm wieder eingefallen! CO1, das sei kyrillisch und stehe für SO1, Sojus 1, das sei der Name eines bemannten Raumschiffs im Weltall gewesen, ausgesendet von der Sowjetunion (dessen Kommandant Wladimir Komarow, wie ich später nachlese, bei der Landung tödlich verunglückt ist). Das habe er damals im Fernsehen gesehen. Es dauere immer ein bisschen, sagt er noch, aber dann falle einem doch alles wieder ein.

Hier in der Oststadt in Neubrandenburg ist sozialistische Geschichte noch sichtbar. Die Erinnerung an die Raumfahrt, die Gebäude, die Bilder. Ich schaue mir das an und bin wie elektrisiert. Kein bisschen hässlich sieht es hier aus, es gibt hier sogar eine Platte, die unter Denkmalschutz steht. Eine WBS 70, die Erste ihrer Art. Ein kleines goldenes Schild neben einem der Eingänge bestätigt den Status. Wenn man ganz nah an die Fassade herangeht, erkennt man auf deren Oberfläche ganz viele kleine Steine, in verschiedenen Farben. So wie die, die oft an Flussufern herumliegen.

Im Asia-Späti kaufen wir uns einen Pfeffi, Pfefferminzlikör also, für den Feierabend, schließlich drehen wir eine authentische ostdeutsche Dokumentation. Im Auto läuft *Kling Klang*. Der Kamera- und der Tonmann kommen aus Westdeutschland und kennen das Lied nicht. Kathleen auch nicht, weil sie das in den hessischen Clubs nicht spielten. Theresa und ich singen laut genug für alle mit.

Vor dem Hotel unterhalte ich mich noch länger mit einem der beiden Männer und finde heraus, dass er die Oststadt ganz anders sah als ich. Er sagt, er fand das Viertel traurig, gleichförmig und trostlos. Ich bin überrascht. Trostlos ist ein Wort, das mir heute überhaupt noch nicht in den Sinn gekommen ist. Den ganzen Tag bin ich durch die Oststadt gelaufen und habe ihre Schönheit gelobt. War mein Blick nur aus Trotz so positiv? Sind Platten trostlos? Und ich will es nur nicht sehen?

Am nächsten Tag wollen wir hoch hinaus. Wir gehen zur höchsten Platte und sprechen wahllos Leute an, ob wir mit, ähm, Kamera vielleicht kurz in ihre Wohnung dürften, um über die Oststadt zu schauen. Begeistert ist keiner. Also fange ich an zu klingeln. Ich arbeite mich von oben links nach unten rechts durch die Klingelzeilen, systematische Penetranz. Und dann, tatsächlich. Es klappt. Einer lässt uns hinein.

Gerhard Wieland wohnt fast ganz oben, im 13. Stock. Wir steigen aus dem Fahrstuhl, er lächelt uns aus wachen Augen entgegen und bittet uns hinein. Gerhard Wieland ist 81 Jahre alt, 42 davon lebt er hier. Er war der erste Bewohner, der in diesen Plattenbau gezogen ist. In seiner Wohnung hängen überall gepuzzelte Bilder an der Wand. Sie zeigen Dresden, Mallorca, Italien. Auf dem Küchentisch liegt ein Puzzle, an dem er gerade arbeitet. An seinem Kühlschrank hängen Magnete aus Italien, Serbien, Frankreich. So viele Orte, die er nicht hätte besuchen können, würde es die DDR noch geben. Sein Wohnzimmerschrank ist noch aus DDR-Zeiten – Reihe Kompliment. Die kenne ich von Familienfotos. Wir gehen auf den Balkon. Die anderen Gebäude der Oststadt sind ganz klein. Man sieht Neubrandenburg mit seinen Häusern, Seen, Parks. Ein Blick wie Simba und Mufasa über ihr Königreich.

Gerhard Wieland erzählt, dass vor zwei Jahren seine Frau Hannelore gestorben ist. Fotos von ihr stehen überall in der Wohnung, zwei Grabkerzen auf dem Wohnzimmertisch. Wenn er hier auf seinem Balkon sitzt, dann kann er in Richtung Friedhof gucken. Ich frage ihn, ob er gern in der Platte lebt. Er sagt: natürlich. »Ich lebe hier schon so lange, ich gehe in keine andere Wohnung mehr. Der einzige Umzug, den ich noch mache, ist zu ihr.« Er zeigt in die Weite.

Es ist schön, ihm zuzuhören, wie er von ihrem gemeinsamen Leben spricht, ihren Kindern, ihren Reisen. Gerhard Wieland hat 52 Mal mit seiner Frau Hochzeitstag gefeiert. Aber wenn er von ihr redet, sieht er aus, als ob er sich nichts sehnlicher als 52 weitere wünschte.

Was macht ein Leben schön?

Wir verabschieden uns, und ich wundere mich mal wieder über mich selbst. Darüber, wie wenig ich meiner eigenen Bewertung traue. Ja, ich finde Platten schön. Warum auch nicht? Schönheit ist nichts Objektives, sondern etwas Subjektives – so weit, so klar. Aber wenn das stimmt, dann ist Schönheit das, was wir daraus machen. Eine Entscheidung.

Ich sehe hier, in der Platte in Neubrandenburg, Schönheit, weil ich sie sehen will. Was bedeutet, dass man sie sehen kann. Und dass sie da ist. Das müssen ja nicht alle so sehen. Aber ich muss mich nicht trotzig fühlen, nur weil ich das tue. Wenn wir Häuser anschauen, sehen wir nicht nur neutral aufeinandergestapelte Steine. Die Steine erzählen eine Geschichte, und wir leiten daraus unsere Bewertung ab. Wenn wir eine Klinik sehen, denken wir an Kranke. Wenn wir eine Villa sehen, an Reiche. Wenn wir ein Hotel sehen, an Reisende. Und bei einer Platte?

Ich werde in Zukunft an Gerhard Wieland und seine Hannelore denken. Und an ihr schönes Leben.

Abends sitzen wir auf einem Steg am Neubrandenburger Tollensesee und schauen auf das Wasser. Es ist dunkel. Hinter uns lachen Jugendliche, die Alkohol trinken, für den sie zu jung sind. Vor uns leuchten Lichter eines Feuerwerks. Manchmal erkenne ich die Umrisse einiger Boote, die auf dem See fahren. Wasser, Bäume, dahinter Platten. Das könnte auch Magdeburg sein.

Da leuchtet mir noch einmal mehr ein, warum ich diese Stadt anders wahrnehme als der Kameramann. Ich bin mit Platten am Horizont aufgewachsen. Der Anblick ist mir vertraut. Wenn ich sie sehe, knüpft das an etwas in mir an. Weckt Erinnerungen. Heimatliche Gefühle. Anderen geht es so mit Bergen, weil sie damit aufgewachsen sind. Ich habe das bei Platten. Das klingt erst mal total bescheuert. Aber wenn man einmal darüber nachdenkt, eigentlich nicht.

Ich bin seit Wochen unterwegs, habe viele Nachwendekinder gesprochen. Und habe mich gefragt, ob wir nun ein *Wir* bilden können oder sollen. Denn, so viel ist klar, wie es nicht *die* Ostdeutschen gibt, gibt es nicht *die* ostdeutschen Nachwendekinder. Auch wir sind viele, auch wir sind verschieden. Aber auch wir haben gemeinsame Erfahrungen. Allen voran steht eine, die eigentlich ganz offensichtlich ist. Wir, die ostdeutschen Nachwendekinder, teilen die Erfahrung, im Osten aufgewachsen zu sein. Wir kennen alle Seiten. Wir wissen, bei allen Problemen, dass man im Osten aufwachsen und leben kann. Dass es mindestens machbar ist, meistens gut und oft sogar fantastisch.

Diese Erfahrungen dienen nicht der Klischeebildung. Daraus lassen sich keine *typischen* ostdeutschen Charaktereigenschaften ableiten. Diese, unsere ostdeutsche Erfahrung ist eher wie dieses bunte, leicht durchscheinende Papier, das man als Kind auf die Seiten seines Malbuchs oder seiner Comics gelegt hat, um die Figuren abzupausen, durchzuzeichnen. Dieses Pauspapier vereinheitlicht nicht die Motive und auch nicht die Menschen, die es nutzen. Aber wenn man das Pauspapier hochhält und die Welt dadurch betrachtet, bekommt sie eine bestimmte Einfärbung, eine bestimmte Note.

Dadurch können Platten schön aussehen, Leere wie Freiraum und der Alltag in der DDR ein bisschen bunter, als die meisten denken. Vorurteile sind manchmal leichter erkennbar, sie treffen einen schneller. Und einiges, was heute im Osten passiert, kann dann ganz offensichtlich auch ein Ergebnis von dem sein, was schon lange zurückliegt.

Dieses bunte Pauspapier führt dazu, dass sich die ostdeutsche Perspektive noch immer von der westdeutschen unterscheidet, ein bisschen anders eingefärbt ist, auch bei Menschen in meinem Alter. Diese Perspektive ist keine bessere, keine schlechtere. Aber eine andere. Sie ist unsere.

Streiten für den Osten

»Uns junge Ostdeutsche unterscheidet, dass die Rollen vertauscht sind. Anderen Generationen mag es rebellisch vorgekommen sein, sich von ihren Ernährern, ihren Welterklärern, ihren Behütern loszusagen: Seht her, ich stehe auf eigenen Beinen. Wir jungen Ostdeutschen können aber längst alleine stehen.«

Josa Mania-Schlegel auf der Seite *Krautreporter*, 2019

12 Ostbewusstsein

Ich glaube, meine bayerische Mitbewohnerin, geboren 1996, hat eine Ossi-Werdung hinter sich. Über Ossi-Witze regt sie sich mehr auf als ich. Sie plädiert für eine Ost-Quote. Und einmal kommt sie mit zwei Limos nach Hause: Wostok-Brause mit Tannenwald-Geschmack und Paulaner-Spezi, Ost und West (Paulaner kommt aus München; Wostok wird zwar in Kreuzberg (Berlin-West) hergestellt, ist aber inspiriert aus der Sowjetunion, Wostok heißt Osten auf Russisch). Es ist der Jahrestag der Wiedervereinigung, und meine Mitbewohnerin besteht darauf, dass wir trotz hohem Koffeingehalt und später Uhrzeit mit den Limos anstoßen.

Ich denke daran, als ich auf unserem Berliner Küchenboden sitze, Pfandflaschen und Glasmüll auseinandersortiere, die Wiedervereinigungslimos entdecke und kurz überlege, sie aufzuheben, mich aber wegen Freunden, die mir schon messihafte Sammelwut attestierten, dagegen entscheide (es war wirklich nur ganz kurz).

Früher hatte meine Mitbewohnerin nicht so einen Ost-Bezug. Ich kann mich noch genau an eine Begegnung in unserer Küche erinnern. Das ist schon einige Jahre her, das war lange vor meiner Reise, aber das Gefühl, dass etwas noch nicht ganz in Ordnung ist zwischen Ost und West, das war schon da. Sie erzählte, dass sie sich erst als Westdeutsche empfinde, seit sie in Potsdam Kulturarbeit studiere und ihre Kommilitonen ständig betonen würden, wie toll alles in Ostdeutschland laufe. Als ich wissen wollte, ob sie das überrascht habe, antwortete sie: »Ehrlich gesagt, ja, ich hatte aus der Schule mitgenommen, dass es nicht das Coolste ist, im Osten aufgewachsen zu sein.« Ich wusste nicht, was ich sagen sollte. Irgendwie war ich gekränkt, fand meine Kränkung gleichzeitig lächerlich und verschwand schnell in meinem Zimmer, damit sie es nicht merkte.

Warum war ich damals gekränkt?

Ich glaube, Kränkung entspringt oft der inneren Frage: Stimmt das vielleicht? Und den Ostdeutschen wurde lange – und wird in Teilen immer noch – gespiegelt, dass der Osten eine irgendwie uncoole Region ist, genau wie alles, was irgendwie ostdeutsch anklingt. Das wirkt sich sicherlich auch auf uns Nachwendekinder aus, wenn auch unbewusst.

Ich habe zum Beispiel meinen ostdeutschen Dialekt abgelegt. Lange dachte ich, der sei einfach irgendwann von selbst verschwunden. Aber eigentlich stimmt das gar nicht. Sondern ich bin so oft dafür ausgelacht worden, wie ich »Geschörrspüler«, »ölf« oder »Kürsche« sagte, was mich irgendwie kränkte, dass ich es gelassen habe. Lange konnte ich »Kirche« überhaupt nicht mehr vernünftig aussprechen, weil in einer Überkorrektur das »i« dann immer zu lang geriet (»Kiiiirche«). Ostdeutsche Dialekte sind negativ konnotiert. *Mein* Dialekt ist negativ konnotiert. Aber statt dem zu trotzen, legte ich ihn – weitgehend – ab. Dabei versteht doch auch »Geschörrspüler« jede.

Aber in uns existieren ja stets viele Gefühle gleichzeitig;

auch die, die von außen zunächst widersprüchlich erscheinen. Bei mir ist das so: Ja, wenn ich im Rückblick darüber nachdenke, dann fallen mir kleine Momente der Kränkung ein. Aber sie sind wenige, sie sind lange her, und in dem Moment habe ich sie meist nicht bewusst reflektiert.

Und außerdem ist, bezogen auf mein Ostdeutsch-Sein, ein anderes Gefühl für mich bestimmender. Das Selbstbewusstsein. Denn ich wuchs immerhin mehr als 20 Jahre lang in dem Glauben auf, dass Ost und West sich auf Augenhöhe befinden. Daraus resultiert auch ein Anspruch. Als ich merkte, dass dem nicht so ist, wollte ich es aber so haben.

Nachdem ich alles sortiert habe, hieve ich den Beutel Flaschen in den Supermarkt. Von dem Pfand kaufe ich wie aufgetragen einmal Scheuermilch, für die WG. Und einen Schokoriegel, für die Laune. Damit setze ich mich auf eine Bank an unserer Straßenkreuzung und beobachte Autos dabei, wie sie ungeduldig schon ein bisschen über die weiße Linie fahren, auch wenn noch Rot ist.

Wenn jemand schlecht über Berlin redet, wo ich schon seit Jahren lebe, ist mir das egal. Da denke ich nur: Na, wenn ihr meint – ihr braucht ja nicht kommen, es gibt sowieso zu wenig Wohnungen. Beim Osten ist das ganz anders. Warum? Warum will ich unbedingt, dass bei der Erwähnung von Ostdeutschland nicht immer nur negative Stereotype im Kopf der Leute aufploppen? Woher dieses Bedürfnis nach Verteidigung? Oder besser: Richtigstellung. Der Osten soll ja nicht besser gemalt werden, als er ist. Nur eben, wie er ist.

Das hat verschiedene Gründe. Vermutlich ist diese –

wenn auch leise – Kränkung einer davon. Ich glaube, es hat auch damit zu tun, dass ich beide Welten kenne – ich bin gesamtdeutsch und damit sowohl westdeutsch als auch ostdeutsch aufgewachsen. Das führt zu so einer Art doppeltem Blick, oder eben Mischblick. Hinzu kommt, je mehr ich mich mit der ostdeutschen Geschichte beschäftige, desto klarer wird mir, wie krass es eigentlich ist, was in den vergangenen 30 Jahren hier passiert ist. Was geleistet wurde. Was aber auch schieflief. Das ist quasi der Ostblick. Und je mehr ich den erlerne, desto größer erscheint mir die Differenz zu dem Westblick. Von dort aus verdichtet sich die ostdeutsche Nachwendegeschichte auf das Ossi-Gejammer, Konsumrausch, Demokratieunverständnis. Die Entfernung zwischen diesen beiden Möglichkeiten, auf den Osten zu blicken, ist so groß, dass der Magdeburger Dom dazwischenpassen würde, und der ist stolze 104 Meter hoch.

Das zu merken lässt mich nicht kalt. Es macht mich ziemlich fassungslos. Und manchmal wütend. Dann muss ich ein paarmal tief durchatmen, um nicht weiter darüber zu fantasieren, wie ich Edmund Stoiber mit seiner Rede über die angeblichen Frustrierten, die über das Schicksal Deutschlands bestimmen würden, alle meine Ost-Bücher über den Kopf kippe.

Diese emotionale Betroffenheit, die hat nicht jede. Die hat wiederum mit etwas anderem zu tun. Nämlich: mit Solidarität.

Ich fühle mich solidarisch den Ostdeutschen und ihrer Erfahrung verbunden. Denn *die Ostdeutschen* sind meine Eltern. Meine Großeltern. Meine Nachbarn. Meine Lehrerinnen. Mein Hausmeister. Die Postbotin. Die Eisverkäuferin, die für uns auch andere Kugeln als Vanille durch die Spaghettimaschine gepresst hat. Der Rentner, dem wir beigebracht haben, wie sein Handy funktioniert. Die Kioskbesitzerin, die mich an meinem letzten Schultag mit Balla-Balla tröstete. Der Taxifahrer, der mich nach Hause fuhr, obwohl ich kein Geld mehr hatte. Der CurryB96-Mann. Ich kenne diese Leute. Deswegen will ich negative Stereotype über *den Osten* und seine Menschen nicht einfach so stehen lassen. Der Osten hat ein Gesicht für mich.

Ich bin auf diesen Begriff gekommen, der das alles für mich am besten zusammenbringt. Das, was ich bei mir und anderen Nachwendekindern beobachte. Das Bedürfnis nach Verteidigung, den Weg dorthin und alles, was darauf folgt.

Ostbewusstsein.

Damit meine ich mehrere Dinge, bezogen auf Nachwendekinder. Erstens, die *Bewusst*werdung – heißt: dass man sich darüber klar wird, aus dem Osten zu kommen, und auch darüber, dass das noch mit einem zu tun hat. Zweitens, das *ost*deutsche Selbstbewusstsein – heißt: dass man damit überhaupt kein Problem hat. Drittens, eine Aufforderung, es ganz bewusst zu *sein* – heißt: dass man damit offen umgeht, sodass auch allen anderen merken, dass es überhaupt kein Problem ist.

Wozu braucht es Ostbewusstsein? Es kann genau das *Wir* ermöglichen, das zur gegenseitigen Stärkung führt. Das dafür sorgt, dass man gehört wird und irgendwann einem auch *zu*gehört wird. Es überwindet die Sprachlosigkeit. Und es weckt oft überhaupt erst Interesse. Auch ich habe mich vor meinem Ostbewusstsein nicht großartig mit dem Osten beschäftigt, weil mir nicht klar war, dass das nötig ist. Aber irgendwer sollte es tun. Wer, wenn nicht wir, die Nachwendekinder?

Ostbewusstsein kann aber jeder haben. Auch ältere Ostdeutsche und Westdeutsche und wer sonst noch mag. Denn, so wie ich es verstehe, meint es auch einfach das Bewusstsein, dass es da diesen Osten gibt, mit einer anderen Perspektive, die bislang zu wenig gehört wird.

Meine Mitbewohnerin aus Bayern hat das Ostbewusstsein auf jeden Fall – mittlerweile. Und, na ja, vielleicht bin ich in dem Fall nicht ganz unschuldig daran.

13 Ost-Empowerment

Politik mit der Gießkanne. So nennt es mein Gegenüber, wenn der Staat in Bahnstrecken, Internetausbau und Kultur auf dem Land investiert. Er findet, das sei Geldverschwendung. Wir sitzen in einer Bar in Hamburg und sehen uns heute zum ersten Mal, jemand anderes hat ihn mitgebracht, ich kenne nicht einmal seinen Namen. Deswegen bin ich heilfroh, die Selbstbeherrschung zu besitzen, den Schluck Bier, den ich eben genommen habe, nicht gleich wieder auszuspucken. »Natürlich muss man sich um die Leute kümmern, die jetzt noch in den ländlichen Regionen leben«, redet er weiter. »Aber das sind wenige Alte, die in 20 Jahren nicht mehr da sein werden.«

Ich begebe mich in meine innere Kill-Bill-Haltung. »Du kannst doch nicht einfach sagen, wir lassen die Region fallen«, sage ich. »Dort muss doch gerade investiert werden, damit die jungen Leute nicht mehr die Notwendigkeit sehen zu gehen.«

»Wenn wir realistisch sind, ziehen die meisten Jungen sowieso in die Städte. Dort muss investiert werden. Es kann nicht alles überall gefördert werden«, antwortet er.

In der Bar um uns herum herrscht barliches Gewusel. Bierbestellungen, Anstoßgeräusche, lautes Lachen. Irgendwo sucht jemand die Toilette, und irgendwer anders will eine rauchen gehen. Wir sitzen zu viert an einem Tisch in der Ecke. Zwei Ostdeutsche, ein Westdeutscher – und mein Wiener Gegenüber, mit dem ich diskutiere.

Ich sage: »So etwas ist nicht nur nach dem wirtschaftlichen Gesamtnutzen zu betrachten. Du kannst nicht so vielen Menschen sagen: Habt ihr halt Pech gehabt.«

Er widerspricht: »Es wäre doch aber viel ehrlicher, wenn die Politik den Leuten auf dem Land sagt: Wir kümmern uns um euch, aber ihr könnt nicht die gleiche Infrastruktur haben wie anderswo.«

Jetzt gehe auch ich eine rauchen. Später reden wir über etwas anderes. Wir werden heute in dieser Runde nicht darüber entscheiden, wohin die Steuergelder fließen sollen. Damit beruhige ich mich. Ob mein Gegenüber überhaupt aufgeregt war, weiß ich nicht. Das Schlimme ist: Mein Gegenüber spricht aus, was viele denken. Es gibt auch im Westen Regionen, für die seine Forderung fatal wären, doch im Osten plädieren sogar manche Wirtschaftswissenschaftler dafür, dass man alles Geld in ostdeutsche Städte stecken sollte – nur die hätten das Potenzial, Menschen zu halten. Das Land habe das nicht, sei quasi sowieso verloren. Der Wiener hat also eine legitime ökonomische Position. Aber politisch halte ich sie für zutiefst falsch. So schreibt man ganze Landstriche samt Menschen ab. Während unseres Gesprächs sind in meinem Kopf Bilder aufgeploppt, wie ein Ökonom vor meinen Omas steht und ihnen erklärt, dass da jetzt leider einfach nichts zu machen sei mit dem Internet, den Zügen. In der Realität ist Gewalt nie eine Lösung, aber in meinem Kopf kicke ich den Ökonomen weg, bevor er beim »leider« ankommt.

* * *

Am nächsten Tag stehe ich in einem Gebäude der Hamburger Speicherhäuser. Ein gigantischer Raum, knarzende Dielen, Holzdecke. Rechts und links an der Wand sind Dutzende Regale aufgestellt mit Hunderten Ordnern, Jahrzehnte chronologisch geordnet in Aktenzeichen. Neben mir steht Paul, der sagt: »Ich habe dich hierher eingeladen, weil das so ein Offspace ist, so ein nicht kommerzieller Raum, mit dem man erst mal nicht rechnet. Ich komme gern hierher und ziehe mich zurück, wenn mir Hamburg zu viel wird. Dies ist ein Ort, der für mich die direkteste, innigste Verbindung zu unserer Heimat ist.«

Er meint Ostdeutschland. Paul Glaw kommt aus Halle, wo er 1988 geboren wurde. Seit vier Jahren lebt er jetzt in Hamburg. Er ist Maler und besuchte hier die Kunstakademie.

Hier, in dem Offspace, lagert er einige seiner Bilder. Auf denen beschäftigt er sich mit seiner ostdeutschen Identität. Ein Künstler also mit Ostbewusstsein. Mit dem verschwundenen kulturellen Fußabdruck der DDR habe ich mich schon ein bisschen befasst, aber heute geht es um den aktuellen künstlerischen Osten – und damit um Paul.

Paul malt vor allem mit Ölfarben, in abstrakten, aber weichen Formen. Ein Bild sieht zum Beispiel aus, als blickte man in eine U-Bahn-Station: Am Boden liegt eine Rose, an der Wand klebt ein Preisschild: »Jetzt € -,99«. Der Titel ist *Aufbau Ost*. Ein anderes sieht aus, als wäre es mit einem grauen Schleier überdeckt, dahinter liegen jedoch bunte Farben, die durchscheinen. Der Titel: *Der Geist von damals*.

Die einzigen Farbtöne, die Paul nutzt, sind Orange und Blau. Die Farben stehen für ihn, sagt er, für einen Weltenclash. Orange verbindet er mit der Tupperware seiner Oma, mit der DDR, mit Wärme – das finde ich spannend, weil Orange die Farbe ist, die auch ich intuitiv mit der DDR verbinden würde. Auch wenn der Osten heute mehr ist als die DDR, könnte das ja die Farbe des durchscheinenden Pauspapiers sein, unserer ostdeutschen Erfahrung.

Blau, erzählt Paul weiter, verbinde er mit Kälte, Konservatismus, Reichtum. Er will mit dieser Farbkombination den Kontrast zwischen Imperialismus und dem, was er unter Sozialismus versteht, auf die Leinwand bringen, sagt er – und auch zwischen Ost und West.

Dieser Kontrast spielt für ihn aber mittlerweile auch bei Menschen eine Rolle.

»Lange war ich kein Fan davon, Dinge oder Menschen zu kategorisieren – wie in ost- und westdeutsch«, sagt Paul. »Mittlerweile akzeptiere ich für mich, dass wir alle Kategorien brauchen. Damit ordnen Menschen Dinge ein, was den meisten wichtig ist. Wenn man das akzeptieren kann, dann kann man das auch als Stärke nutzen.«

Weiter hinten steht eine Ledercouch, dahinter zwei geöffnete Holztüren. Schaut man hinunter, fließt genau da, wo man eigentlich das Fensterbrett erwarten würde, 20 Meter tiefer die Elbe. Der Fluss fließt auch durch meine Heimatstadt Magdeburg, eine Ost-West-Verbindung. Paul und ich setzen uns auf das Sofa, genießen die Sicht, die wir von hier oben haben, und Paul erzählt seine Geschichte, die auf kein Reiskorn passt. Paul trägt weiße Converse-Chucks, deren Logo er blau übermalt hat, und einen goldenen Tunnel-Ohrring im rechten Ohr. Während er spricht, schaut er auf die immer gleiche Ecke des Tischs.

Aber nicht gedankenverloren, sondern gedankensammelnd, konzentriert.

Paul erzählt, dass er schon länger malt, als er denken kann. Seine Eltern waren Punks. Er ist quasi im *La Bim* aufgewachsen, einem ehemaligen bekannten alternativen Zentrum in Halle. Im Kindergarten hatte er seinen ersten Irokesenschnitt, mit sechs Jahren stand er das erste Mal hinter der Bar, mit zehn Jahren wollte er das erste Mal rebellieren und ließ sich von seinen Großeltern ein Poloshirt kaufen. Nach dem Abitur studierte er an der Hallenser Kunsthochschule Burg Giebichenstein. Er blieb wegen der Schule, nicht wegen Halle. Die Leichtigkeit, die Ungezwungenheit, das günstige Leben, die Marie-Sophie Schiller beschrieb, waren für ihn immer selbstverständlich. Erst als er das in Hamburg in dieser Form nicht mehr hatte – nach dem Weltenwechsel –, begann er, sich über seine Heimat Gedanken zu machen.

Hier sei es auf einmal nur um Geld gegangen. »In meiner ersten Stunde fragte die Dozentin, ob wir diese eine Ausstellung in London schon gesehen hätten – und empfahl uns, dass wir unbedingt diese andere in New York sehen müssten. Und ich dachte nur: Wer soll das denn bezahlen?«, sagt Paul. Er hat schon immer verschiedene Jobs gemacht, um seine Kunst überhaupt finanzieren zu können. Heute liefert er Obst aus. Das wenige Geld sei bis dahin nie problematisch gewesen. Doch in Hamburg sei Wohlstand als selbstverständlich vorausgesetzt worden. Es wurde wichtig, ob man auch die beste Ölfarbe benutzt.

Einmal wurde ihm gesagt, von einer Kommilitonin an der Kunstakademie, man merke ja gar nicht, dass er aus dem Osten komme. Es klang nach einem Kompliment.

Und Paul fragte sich, was er denn erfüllen müsse, um als Ostdeutscher zu gelten. Als die AfD starke Wahlergebnisse einfuhr und Paul geschockt in seine Heimat blickte, sagten Hamburger Freundinnen von ihm: Das sei halt der Osten, was solle man erwarten. »Es war, als ob sie ihn aufgegeben hätten«, sagt Paul. »Und das waren Leute aus unserer Generation.«

Paul wollte den Osten nicht aufgeben. Er begann, fast jedes Wochenende nach Halle zu fahren, beschäftigte sich mit der Stadt, dem Landesteil, der Geschichte, den Leuten.

Er hatte das Gefühl, jedes Mal ein bisschen mehr zu verstehen – und das Gefühl, dass das in Hamburg niemanden interessierte.

Einmal habe einer seiner Dozenten an der Akademie namenhafte deutsche Künstler aufgezählt. Paul fragte nach welchen aus dem Osten. Und der Dozent sagte: Es gibt keine erfolgreiche Kunst aus der DDR. Also begann Paul, sich einzulesen, sich mit dieser Kunst zu beschäftigen, und merkte erstens, dass das nicht stimmt. Und zweitens, dass der Osten in diesem Bereich regelrecht totgeschwiegen werde, wie er sagt. »Der Blick auf die Kunst in Deutschland ist westdeutsch geprägt.«

Wenn Paul so redet, knistert das Popcorn erneut. Ich erkenne mich in seiner Erzählung wieder, bei ihm läuft der gleiche Film. Die Trotzreaktion, das Jetzt-erst-recht-Interesse. Die Erkenntnis, wie westdeutsch geprägt der Bereich ist, in dem man arbeitet – und wie wenig man das selbst lange gemerkt hat. Es sind andere Szenen, andere Bilder, aber wir haben die gleiche Kameraeinstellung. Es ist die gleiche Perspektive.

Auf dem Tisch vor uns steht eine kleine Spielzeugfigur aus Gummi. Ich dachte, sie sei Deko. Aber Paul nimmt sie in die Hand und erzählt, dass sie seinem Vater gehörte. »Damit habe ich als Kind gespielt, ohne weiter darüber nachzudenken. Aber mittlerweile erkenne ich, wie postsozialistisch mein Leben geprägt war – das ging bis hin zum Spielzeug.«

Er gibt mir die Figur. Sie ist so groß wie meine Hand und zeigt zwei Männer, einer mit Cowboyhut, einer mit Feder im Haar – der einen *Indianer* darstellen soll (noch so eine Schublade, so ein Begriff, der vielfältige Identitäten auf einen verkürzten Nenner bringt). Die beiden Figuren kämpfen miteinander. Müsste ich wetten, würde ich auf den *Indianer* setzen. Ein Messer haben beide. Er hat aber auch noch einen Schild.

Das DDR-Regime sah in den amerikanischen Ureinwohnern, die von der US-Regierung meist unterdrückt wurden, so etwas wie die natürlichen Verbündeten gegen den Klassenfeind. Es wollte den Western-Verfilmungen aus der alten Bundesrepublik, die auf den Romanen von Karl May basierten, etwas entgegensetzen – und ließ im volkseigenen Filmunternehmen DEFA sogenannte »Indianerfilme« produzieren. Die legten den Fokus nicht auf Cowboys, sondern auf die amerikanischen Ureinwohner, die von ihrem Land vertrieben wurden.

In der ersten Edition dieser Spielzeugfigur habe der Cowboy eine Pistole am Gürtel gehabt, erzählt Paul. Der Cowboy in meiner Hand trägt dort nur noch eine leere Messerscheide. »Der Westen sollte nicht siegen«, sagt Paul. »Das ist eine politische Botschaft, in einem Spielzeug verpackt.« Was nicht heißt, dass das nur in der DDR passiert ist: Spielzeug ist immer politisch aufgeladen, überall und bis heute (Stichwort: Puppen für Mädchen, Feuerwehrautos für Jungs).

Ich betrachte das Spielzeug in meiner Hand. Ostbewusstsein kann einen auch einfach Dinge entdecken lassen, die man vorher nicht sah.

»Bist du denn gern ein Ost-Künstler?«, frage ich Paul.

»Man möchte als Künstler immer etwas machen, das es noch nicht so oft gibt. Bei Kunst, die sich mit dem Osten auseinandersetzt, ist das so. Ich bin auch für meine Arbeit froh, diesen Teil meiner Identität entdeckt zu haben. Deswegen, ja, sehr gern.«

Norbert Leisegang hat ganz anders reagiert, als ich ihn fragte, ob Keimzeit eine *Ostband* sei. Ihn nerve diese Zuschreibung eher, sagte er, weil das für ihn klinge, als könnte man seine Musik nur im Osten hören. Im Vergleich Paul/Norbert springt einem förmlich entgegen, was sich verändert hat. Norbert will das *Ost* ablegen, Paul es sich aneignen – weil beide offenbar etwas anderes damit verbinden. In Norbert Leisegangs Verständnis ist *Ost* etwas, das seine Musik begrenzt, etwas Einschränkendes. Bei Paul? Ist *Ost* etwas Erweiterndes. Etwas, das ihm neue Sichtbarkeitsfelder eröffnet – die er anderen zeigen will. Was ja ein Anspruch ist, zu dem auch ordentlich Selbstbewusstsein gehört. Ich glaube, die beiden stehen nur exemplarisch für viele ihrer jeweiligen Generation.

Paul ist nicht der einzige junge Kunstschaffende, der heute vor sich herträgt, dass er aus dem Osten kommt. Viele andere Künstlerinnen tun das ebenso. Kraftklub, Feine Sahne Fischfilet, Marteria, Jennifer Rostock – alle thematisieren ihre Herkunft.

Ein Beispiel dafür, dass sich nicht nur zwischen den Generationen etwas geändert hat, sondern auch bei den jungen Ostdeutschen selbst, ist die Band Silbermond. Wenn deren Mitglieder früher in Interviews darauf angesprochen wurden, dass sie aus Bautzen kommen, wehrten sie die Frage regelrecht ab, es klang etwas gereizt. Frontfrau Stefanie Kloß, geboren 1984, plädierte 2007 in einem Interview mit der *Berliner Zeitung* dafür, »endlich mal« mit »diesem Ost und West« aufzuhören. Als sie gefragt wurde, warum viele erfolgreiche Gruppen – damals: Tokio Hotel, Rammstein, Silbermond – aus der ehemaligen DDR kommen würden, antwortete sie: »Da müssen Sie unsere Eltern fragen, warum sie uns ausgerechnet in der DDR gezeugt haben.« Und 2019? Haben Silbermond das Lied *Mein Osten* herausgebracht, das einerseits eine Kritik an der politischen Entwicklung im Osten ist, gleichzeitig aber auch eine Liebeserklärung: »Mein Osten / Aufgeben, nicht deine Art / Und nicht komplett im Arsch.« Dieses »nicht komplett im Arsch« wiederum haben Silbermond vermutlich von Feine Sahne Fischfilet, die unter diesem Motto durch die Provinz von Mecklenburg-Vorpommern tourten, um dem Rechtsruck etwas entgegenzusetzen. Vielleicht beginnt da gerade eine Tradition von jungen (ostbewussten!) Musikern, die sich gegenseitig zitieren, aufeinander verweisen, teilweise zusammenarbeiten. Feine Sahne Fischfilet machen zusammen mit Marteria aus Rostock politische Events. Und nicht zuletzt waren auch die Ost-Acts die Zugpferde des großen »Wir sind mehr«-Konzerts 2018 in Chemnitz. Da wird Ostbewusstsein politisch und gesellschaftlich eingesetzt.

Und diese Musik, die da heute aus dem Osten kommt –

die ist, im Gegensatz zu vielem aus der DDR- und Nachwendezeit, bereits sehr anerkannt im gesamtdeutschen Raum. Und verdammt erfolgreich. Und vielleicht ja nicht, obwohl in der Musik die ostdeutsche Herkunft thematisiert wird. Sondern gerade deshalb. Feine Sahne Fischfilet zum Beispiel beziehen sich ständig auf ihre Heimat und sind eine der bekanntesten Punkbands Deutschlands. Trettmann, einer aus der Wendekinder-Generation, hat nach Jahren als geht-so-erfolgreicher Dancehall-Künstler den Durchbruch mit einem Album geschafft, in dem er über seine Identität als Ossi nachdenkt. Felix Kummer, der Sänger von Kraftklub, veröffentlichte im Herbst 2019 ein ganzes Album, auf dem er auch seine Heimatstadt Chemnitz thematisiert. Er verkaufte das Ding an einigen Aktionstagen in einem Plattenladen, den er für genau ein Wochenende eröffnete – in Chemnitz. Man bekam das Album nur dort und auf seiner Webseite. Wenn das kein Einsatz für die Heimatstadt ist.

Ein Freund fragt immer, wenn ich über mein Ostbewusstsein rede, warum ich nicht einfach schriebe, ich sei stolz darauf, aus Ostdeutschland zu kommen. Aber *Stolz* passt für mich nicht zu dem, was ich mit Ostbewusstsein meine. Ich bin nicht *stolz,* aus dem Osten zu kommen. Stolz bin ich darauf, wenn ich morgens ein bisschen früher aus dem Bett komme, um eine Runde laufen zu gehen (ich bin nicht ständig auf das Gefühl angewiesen).

Es ist einfach ein Teil von mir, ostdeutsch zu sein. Wie es ein Teil von mir ist, eine Frau zu sein, Rechtshänderin zu sein oder eine schiefe Nase zu haben. All diese Teile von mir mag ich und identifiziere mich damit. Aber ich bin nicht *stolz* auf sie. Das mit der Nase und meiner Rechtshändigkeit trage ich nicht vor mir her, weil ich deswegen noch nie ernsthaft angegriffen wurde. Das mit der Frau schon eher. Ich bin Feministin, weil ich irgendwann merkte, dass es in Sachen Gleichberechtigung noch einige Probleme gibt. Das bewusste Betonen war auch da eine Reaktion – auf die erkannte Abwertung. Wie beim Ostdeutsch-Sein.

Ich würde eher von einem Lokalpatriotismus sprechen, zu dem mein Ostbewusstsein führt. Auch hier muss man, wie schon bei Identitätsfragen, immer aufpassen, dass aus dem damit einhergehenden *Wir* und *Hier* keine Ausgrenzung hervorgeht. Dass man es also offen formuliert, sodass jeder auch gern in die Region kommen darf und soll, der man sich verbunden fühlt. Doch ich denke, dass ein bisschen von dem, was ich Lokalpatriotismus nenne, nicht schlecht ist. Das der sogar fruchtbar ist für eine Gesellschaft.

Es geht nicht darum, zu sagen, dass es woanders schlechter ist. Sondern einfach, dass es am eigenen Ort auch gut ist. Es meint, dass man sich einer Region – das kann Heimat sein, muss aber nicht – zugehörig fühlt und damit auch irgendwie für sie verantwortlich. Und Verantwortung ist gut. Das ist doch genau das, was diese ostbewussten Musiker mit ihren Liedern, Touren, Festivals übernehmen.

Ich verstehe mich aber nicht als Patriotin im Wortsinn, als eine, die ihr Vaterland liebt. Ich fühle kein emotionales Verhältnis zu Deutschland. Das ist für mich noch einmal viel abstrakter als Ostdeutschland – in Ostdeutschland habe ich zumindest das Gefühl, die Codes und den

Schlag Mensch zu verstehen. Außerdem geht es mir mit dem Lokalpatriotismus darum, eine im deutsch-deutschen Kontext eher abgewertete Region aufzuwerten – Deutschland ist in keinerlei Kontext eine abgewertete Region.

Auch Paul sagt, er sei ein Lokalpatriot geworden, und findet das sinnvoll. »Ich glaube, das kann auch etwas extrem Positives sein, um Menschen anzusprechen, Geschichte, aber auch aktuelle politische Entwicklungen aufzuarbeiten.«

»Wie findet denn deine Punkmutter das?«, frage ich.

»Sie war überrascht, weil sie mich sonst als Kosmopolit eingeordnet hat. Aber sie findet das nicht schlimm. Sie fängt jetzt sogar an, sich selbst mit dem Osten und ihrer eigenen Geschichte auseinanderzusetzen. Nach der Wende war sie fünf Jahre arbeitslos, aber das hat sie nie reflektiert. Jetzt hat sie begonnen, Freundinnen zu fragen, wie sie die Nachwendezeit in Erinnerung haben. Das freut mich.«

Paul und ich beschließen, die kleine Ost-Oase zu verlassen, um etwas essen zu gehen, und landen in einem vietnamesischen Restaurant. Das Essen ist sehr gut. Der Laden voll. Der Außenbereich besteht aus Metalltischen und blauen Plastikhockern. »Wären wir in Ostdeutschland, würden die Leute die Einrichtung für billig halten«, sage ich.

»Hier ist es hip«, meint Paul.

Ich: »Also sind wir im Osten nur Trendsetter!« Wir lachen.

Das Schöne am Lokalpatriotismus ist ja, dass er meist nicht so bitterernst genommen werden muss. Kraftklub singen: »Ich komm aus Karl-Marx-Stadt. Bin ein Verlierer, Baby. Original Ostler!« Feine Sahne Fischfilet: »Wir leben da, wo niemals Ebbe ist!« Die Kölner machen ihren Karneval. Und ich bestehe im Supermarkt darauf, Rotkäppchen-Sekt zu kaufen. Das ist schon in Ordnung. Es ist ein bisschen Ost-Empowerment. Empowern, das heißt: sich selbst stark machen und selbstbestimmt agieren. Was auch dazu gehört: Keimzeit auf Partys mit vielen Westdeutschen anzumachen. Und zu rufen: »Jetzt kommt eine Ostband!« Vielleicht ist Norbert Leisegang dann irgendwann auch nicht mehr genervt, so genannt zu werden.

14 Utopien und Techno

Ich laufe auf einem Trampelpfad im brandenburgischen Wald, vorbei an einer grünen Wiese und grünen Ökotoiletten. Weiter hinten im Gras stecken ein paar einzelne Baumstämme. Dahinter flattert schwarze Plastikfolie an Bauzäunen. Vereinzelt kommen mir Leute entgegen, alle breit lächelnd, als ob ich dazugehören würde, obwohl wir uns noch nie gesehen haben. Noch ist hier nicht viel los. Aber bald soll auf dieser Wiese, neben dem kleinen Dorf Grünefeld, unweit von Berlin, das Festival *Nation of Gondwana* stattfinden.

Hier bin ich mit einem der beiden Gründer des Festivals verabredet, mit Markus Ossevorth. Der ist Jahrgang 1969 und damit eindeutig kein Nachwendekind mehr. Und doch wollte ich ihn treffen, weil die *Nation*, wie man das Festival nennt, eines der ältesten Techno-Festivals Deutschlands ist. Seit 1995 findet sie einmal im Jahr statt, zuletzt mit 10 000 Besucherinnen. Es könnten locker doppelt so viele Tickets verkauft werden, doch das wollen die Festivalmacher nicht. Ich will mit Markus Ossevorth über das Potenzial solcher Festivals für Ostdeutschland sprechen, aber auch über das Berlin der 1990er-Jahre, das er erlebt hat – damit man das heutige Potenzial des Ostens noch einmal mehr versteht. Ich glaube, solche Festivals samt Techno-Subkultur sind eine riesige Chance für Ostdeutschland, eine Art Standortvorteil – einer, der langsam erkannt wird, aber immer noch von zu wenigen.

Ich finde Markus auf einem Klappstuhl im Backstagebereich zwischen anderen Menschen auf Klappstühlen. Kurz guckt er irritiert. »Ah, wir waren verabredet!«, sagt er dann doch, jetzt mit diesem Liebe-für-alle-Lächeln. »Hast du noch einen Moment?« Er schickt mich zum Kaffeewagen, in dem ich eine Porzellantasse bekomme, die ich später selbst abwaschen muss.

Eigentlich ist Techno ein bisschen wie Kaffee. Beim ersten Mal finden ihn fast alle komisch, danach lassen manche für immer die Finger davon, manche wollen nicht mehr ohne, und andere führen ihn sich nur zu Gemüte, wenn es nicht anders geht. Techno ist für mich Musik, die Ungezwungenheit und Ungebundenheit ausdrückt, und damit so ziemlich das, was ich mit Ostdeutschland verbinde.

Die Musik ist ein Sammelsurium von Stilen. Mal ist die Musik brettern, mal harmonisch. Aber immer mit viel Bass und Bums und so laut, dass sie Kopf und Seele frei pustet. Detroit gilt als die Geburtsstadt des Techno, aber so richtig groß geworden ist die Musik im Berlin der 1990er-Jahre. Dort wurde aus ihr eine eigene Subkultur, in der es um Spaß ging, Ekstase, Hedonismus. Aber stets auch um Toleranz und Respekt. Die Musik hat Berlin geprägt und tut das bis heute. Noch immer ist die deutsche Hauptstadt ein Zentrum des globalen Techno-Geschehens.

Die Klappstuhl-Konferenz ist schnell beendet. Mit Kaffee und Kippen setzt sich Markus zu mir auf die Bierbank. Er trägt Kapuzenpulli, drei Schlüsselbänder und ein Walkie-Talkie um den Hals. Das Erste, was er sagt: »Du weißt aber schon, dass ich geborener Wessi bin?« »Geborener«, sagt er – vielleicht ist er auch Ossi geworden. Er schnippt eine Zigarette aus seiner Packung.

Markus Ossevorth ist heute gemeinsam mit seinem Freund Marc-André Janizewski Geschäftsführer des Veranstaltungskollektivs *Pyonen* mit 45 Angestellten, das neben dem Festival noch Gaststätten in Berlin betreibt. Lange haben sie fast überhaupt keine Interviews gegeben, das hat sich in den letzten Jahren geändert. »Altersmilde«, sagt Markus. Sie kommen aus Niedersachsen und leben seit Ende der 1980er in Westberlin. Als die Mauer fiel, sie waren 20 Jahre alt, sind sie sofort rübergezogen, in den Prenzlauer Berg – wo ich mich mit Jana Hensel zwischen den ordentlichen Altbauten betrunken habe. »Wir waren bestimmt zwei der ersten Wessis, die da lebten«, sagt Markus. »Wir mussten aus unserer Wohnung raus, und da war es halt billig.«

»Wie war der Prenzlauer Berg damals?«, frage ich.

»Geil!«

»Was genau?«

»Da hat sich ein komplett neues Feld an großartigen Menschen aufgetan. Die Ostdeutschen waren viel aufgeschlossener, hilfsbereiter und solidarischer. Und die konnten alles reparieren! Einfach jeder hatte was drauf, richtige MacGyvers.«

»Viele Leute beschreiben Ostdeutschland nach der Wende als grau und runtergekommen.«

»Das war's! Komplett. Der Prenzlauer Berg war kaputt! Alles stand leer, die Häuser runtergerockt. Es gab nichts.

Kein Telefon, keine richtige Heizung, das Klo auf der Treppe.«

»Aber das hat euch nicht gestört?«

»Nein, es war egal. Ich habe nur den Freiraum gesehen, der auf einmal da war. Überall herrschte Aufbruchstimmung.«

Markus beschreibt das Leben im Berlin der Nachwendejahre. Es klingt ein bisschen nach dem, was Marie in Halle erzählte – nur viel extremer. Sie konnten einfach in die leeren Häuser und Fabriken einsteigen, da ihr Wohnzimmer einrichten, eine Bar, eine Galerie oder einen Club. »In jeder Fabrik, in jedem Ding in Ostberlin haben wir irgendwann mal eine Party gemacht«, sagt Markus. »Es waren Hunderte.« Alles illegal – bis irgendwann doch mal ein Polizeihauptkommissar vor ihnen gestanden und verlangt habe, dass sie alles in offizielle Bahnen lenkten. Im Jahr 1998. Fünf Jahre lang, seit 1993, hatten die beiden da schon selbst Partys geschmissen. Es waren immer Technopartys.

»Wieso?«, frage ich.

»Techno war befreiend. Und die Musik der Zeit.«

Es gibt Leute, die sagen, dass Berlin erst durch die Technokultur zu der weltoffenen, liberalen Stadt geworden sei, als die sie heute bekannt ist. Zu diesem Sehnsuchtsort für viele junge Kreative aus allen Ländern. Und wie konnte es so weit kommen? Durch den Mauerfall. Weil da plötzlich der Osten war mit all seinem Platz und seinen Freiräumen – in denen sich der Techno samt Subkultur ausbreiten konnte. Der Techno, heißt es oft, war in Berlin der Sound der Wende.

Der DJ Westbam, Techno-Pionier und deutsche DJ-Kultfigur, sagte mal in der *Superillu*, dass er ohne den Mauerfall nie so eine Karriere hätte machen können: »Techno spielte im Osten eine viel größere Rolle als im Westen.« Die westdeutsche DJane Marusha wird im gleichen Artikel mit den Worten zitiert: »Das war einfach so ein Freiheitsding, eine Form von Erlösung, und die Ossis haben gefeiert, als gäb's kein Morgen mehr.« Und Dimitri Hegemann – der Gründer des *Tresors*, so etwas wie der Prototyp aller Techno-Schuppen Berlins – erklärte einmal in der *Berliner Zeitung* die wilden 1990er-Jahre so: »Im Grunde waren es mehrere Faktoren: der Fall der Mauer, (...) die daraus entsprungene Euphorie in der Stadt, keine Sperrstunde und kaum Kontrollen, und dann diese neue Musik aus Detroit und natürlich der *Tresor*-Raum. Dieser dunkle Raum verband die Kids aus Ost- und Westberlin und auch Schwarz und Weiß.«

Techno gibt es heute fast überall. Wenn man so will, könnte man also sagen: Ohne den Osten wäre er nicht geworden, was er ist. Ostberlin hat dem Techno ein Zuhause gegeben, und von dort ist er in den Rest der damals neuen Bundesländer übergeschwappt. Klar, die namhaften Vorreiter kamen aus dem Westen. Aber der Osten gab der Musik die Bühne, er war der Möglichkeitsraum. Und vieles von dem, was Berlin damals zum Anziehungspunkt für viele junge Freigeister gemacht hat, ist heute im Osten noch immer da – allen voran die Unfertigkeit.

Wenn Markus von den 1990er-Jahren schwärmt, klingt er, als ob sie da in Ostberlin und in Brandenburg einen Schatz entdeckt hätten. Aber diesen, sagt er, habe man in Westdeutschland nicht zu würdigen gewusst. »Diese westdeutschen Glücksritter hatten keine Ahnung vom Wert des

Ostens«, sagt er. »Die haben in ihrer westdeutschen Arroganz nicht erkannt, wie viel Großartiges der Osten zu bieten gehabt hat.« Sie hätten nur Grau und Leere gesehen, nicht das Potenzial, das in den Freiräumen stecke.

Als das Nation-Festival 1995 das erste Mal stattfand, war das auf einem Privatgrundstück in Märkisch-Oderland mit 1500 Leuten. Markus und Marc-André haben es als so eine Art Antiveranstaltung zur Loveparade ins Leben gerufen, weil Berlin ihnen zu voll wurde. Sie druckten kleine Flyer, auf denen eine Telefonnummer stand, am anderen Ende der Leitung verriet ein Anrufbeantworter einem die Wegbeschreibung. Underground vor Facebook. Markus sagt, er glaube nicht, dass die Nation auch in Westdeutschland möglich gewesen wäre: »Westdeutschland war damals schon zugebaut und zu bürokratisiert. Hier im Osten waren die Ämter in den 1990er-Jahren offener für Neues. Deswegen ist vieles in der Region Brandenburg und Mecklenburg-Vorpommern entstanden.«

Es gibt keine offiziellen Statistiken dazu, wie viele Festivals es in Deutschland genau gibt. Vermutlich sind es um die 1000, so schätzen das zumindest Experten, wie die Macher des Festival-Magazins *Höme*. Darunter sind nicht nur die Technofestivals, sondern viele, auf denen Rock oder Hip-Hop gespielt wird. Viele dieser Festivals finden auch in Westdeutschland statt, vor allem in Nordrhein-Westfalen. Die Hochburgen der alternativen, nicht kommerziellen Technofestivals sind hingegen Brandenburg und Mecklenburg-Vorpommern – was natürlich auch sehr viel mit der Nähe zu Berlin zu tun hat.

Diese Festivals zeichnen sich nicht nur durch das aus, was auf den Bühnen passiert. Es gibt neben der Musik oft

Workshops, Kunst, Kultur oder Theaterperformances. Das Gelände ist oft aufwendig und liebevoll gestaltet, mit Holzfassaden, Kunstinstallationen, Lichtspielen, vielen flirrenden Details.

Bei dieser Art Festivals, zu denen die Nation gehört, geht es für Veranstalter und Gäste aber auch um mehr als all das. Man kann sie als gesellschaftliches Experiment betrachten. Markus Ossevorth bezeichnet die Nation zum Beispiel als »Paralleluniversum«: »Die Leute, die hierherkommen, sehnen sich nach einer anderen Gesellschaft. Wo jeder den anderen achtet. Alle hier haben einen sehr, sehr respektvollen Umgang miteinander.« Die Nation sei nicht darauf angelegt, ein politisches Festival zu sein, sagt er, aber: »Wenn ich mich privat anders verhalte, dann ist das auch ein politisches Signal. Weil es anders geht. Was wir hier kommunizieren, ist Liebe statt Hass.«

Das klingt jetzt nach einer romantisch verkitschten Floskel. Dahinter steht aber ein ernsthaftes Konzept: Auf jedem Festival ist ein Team unterwegs, das ansprechbar ist, wenn jemandem rassistisches, sexistisches, gewaltvolles Verhalten begegnet. Dass das unerwünscht ist, steht auf Schildern überall auf dem Gelände. Da geht es nicht erst um Prügeleien oder Grapscher, sondern auch um anzügliche oder anderweitig diskriminierende Sprüche. Schon das sind Gründe rauszufliegen.

Ähnliche Konzepte gibt es auf den meisten Technofestivals. Ich habe viele von ihnen besucht. Diese Ansagen bewirken etwas. Die Atmosphäre ist gewaltfrei. Es läuft bestimmt nicht immer alles perfekt, aber man probiert es. Diese Festivals sind Versuche, eine Welt zu gestalten, in der man von Toleranz ausgeht, selbst Toleranz übt und sich gegenseitig an der Barschlange vorlässt. Es sind räumlich beschränkte Utopien, ja. Aber diese Utopien können den ganzen Osten prägen, auch so eine Art Spritze gegen Rechtsradikalismus sein.

Allerdings sind Freiräume wie die Nation keineswegs unangefochten. Seit ein paar Jahren sitzt in Brandenburg auch die AfD im Landesparlament. Deren Landesvorsitzender Andreas Kalbitz – ein Westdeutscher mit rechtsextremem Hintergrund – hat schon eine Kleine Anfrage wegen der Nation gestellt – seine Fraktion wollte alle Zahlen und Hintergründe der Veranstalter des Festivals erfahren, das »einen bestimmten Personenkreis« anziehe. Die Kulturszene verstand diese Anfrage als Einschüchterungsversuch. Markus gibt sich betont locker. »Wir machen so lange weiter, wie wir können, und lassen uns von denen keine Angst machen«, sagt er. »Aber bei der Fusion-Debatte dachte ich schon, jetzt fängt es an. Nun wird versucht, noch weiter die letzten Freiräume zu beschneiden.«

Die Fusion ist das wohl bekannteste Technofestival Deutschlands, das seit 1997 in Mecklenburg-Vorpommern stattfindet. 70 000 Leute kommen dort jedes Jahr hin. Es stand zur Debatte, dass die Fusion 2019 nicht stattfindet, weil das zuständige Neubrandenburger Polizeipräsidium eine Polizeiwache direkt auf dem Festivalgelände sowie anlasslose Bestreifung forderte. Die Fusion-Macherinnen lehnten das ab und kündigten an, in diesem Fall das Festival zukünftig abzublasen. Der Polizeipräsident begründete die Forderungen zunächst damit, dass ein Kreis »hoch gewaltbereiter Personen« zu erwarten sei, weil auch Linksradikale das Festival besuchten.

Ich war sechs Mal auf der Fusion. Ich habe kaum friedlichere Orte als dieses Festival erlebt. Das ist, als ob man Schuhe verbieten wollte, weil man damit theoretisch jemanden treten könnte.

Es gab einen kleinen Aufstand in der Kulturszene, Pressearbeit, Petition, eine Demonstration im Nachbarort, die das Fusion-Team unterstützte. Selbst der CDU-Bürgermeister protestierte da mit. Es ging aber nicht mehr nur um die Fusion. Sondern um die Frage, ob eigentlich mit dem Argument, Sicherheit schaffen zu wollen, der Staat in alle Bereiche der Gesellschaft vordringen darf – selbst wenn sie, wie die Fusion, überhaupt nicht unsicher sind.

Man fand einen Kompromiss. Die Polizeistation wurde direkt vor das Gelände gestellt, in Rufbereitschaft. Die Beamten durften aber nicht ungefragt das Gelände betreten. In anderen Teilen Deutschlands ist es völlig normal, dass die Polizei direkt auf dem Festivalgelände präsent ist. Im Osten ist das meist anders, zumindest bei dieser Art von Festivals. Es war auch ein Kampf um Freiräume.

Bevor ich gehe, frage ich Markus noch, was Ostdeutschland seiner Meinung nach braucht. Er sagt: »Es braucht Leute, die Bock haben, was zu machen. Das schafft man am besten, indem man sagt: ›Hier hast du Raum. Hier hast du Möglichkeiten. Wir unterstützen dich, wo wir als Landkreis oder als Gemeinde können. Let's go.‹«

Festivals wie die Nation oder die Fusion lassen jährlich Zehntausende den Osten bereisen. Junge Leute, die diese herrlichen Landschaften sehen, diese Utopie im Kleinen erleben. Vielleicht kommen sie ja wieder.

* * *

Klar, nicht jeder im Osten hat was von den Freiräumen. Manche wollen einfach nur einen Bäcker und einen Fleischer im Ort – da hilft weder Techno noch sonst irgendein Festival. Es braucht viele Antworten, um den Osten wirtschaftlich voranzubringen: Breitbandausbau, Ansiedlung staatlicher Unternehmen, ICE-Bahnhöfe beispielsweise. Aber eine Antwort sollte eben auch sein: das zu fördern, was schon da ist. Den Schatz zu sehen.

Ich rufe Jonas Seetge an. Er – geboren 1991 in Halberstadt – veranstaltet schon seit mehr als zehn Jahren Festivals in Sachsen, Sachsen-Anhalt, Brandenburg und Bayern und ist bei der LiveKomm, dem Verband der Musikspielstätten in Deutschland, für das Festival-Kombinat zuständig. Kurz gesagt: so eine Art Festivalexperte. »In Ostdeutschland gibt es viele Standortvorteile für solche Festivals«, sagt er. Zwar würden auch in Westdeutschland viele liebevoll gestaltete und beliebte Technofestivals stattfinden. Aber der Vorteil im Osten sei – noch –, dass einige behördliche Strukturen weniger festgefahren seien, zum Besipiel in Sachen Lärmschutzverordnungen oder Baurichtlinien. Hinzu komme: Die Kommunen und Länder hier hätten stärker realisiert, was für ein wichtiger Wirtschaftsfaktor die Festivals sein könnten, vor allem in Mecklenburg-Vorpommern und in Brandenburg. Die neue Regierungskoalition, die im Herbst 2019 zusammenfand, hat in ihrem Koalitionsvertrag sogar festgehalten, dass Brandenburg das »Land der Festivals« sein soll.

Aber der relevanteste Punkt sei ein anderer, sagt Jonas Seetge – die Freiflächen eben. »Davon gibt es im Osten noch immer wesentlich mehr als in Westdeutschland.«

Das belegen auch Zahlen: Die durchschnittliche Einwohnerdichte in Ostdeutschland liegt mit 116 Einwohnern pro Quadratkilometer bei weniger als der Hälfte des Schnitts in Westdeutschland – dort sind es 259 Einwohner pro Quadratkilometer.

Und Stichwort Wirtschaftsfaktor – bei der *Nation* ist es so: Viele Dorfbewohnerinnen arbeiten auf dem Festival, der Feuerwehrverein finanziert sein komplettes Vereinsleben dadurch. Die Produktionskosten des Festivals liegen laut Markus Ossevorth bei mehr als einer Million Euro – fast die Hälfte davon würden sie in der Region lassen. Hinzu kommt der Identifikationsfaktor. Die Technische Universität Cottbus-Senftenberg ruft jedes Jahr im Rahmen ihres Architektur-Studiengangs einen Wettbewerb aus, die besten Ideen werden für das *Nation*-Festival umgesetzt. Und das Festival wird jedes Jahr vom Chor des Dorfes eröffnet.

Ein anderes schönes Beispiel dafür, wie dieser Wirtschaftszweig auch wachsen kann, ist das *Wilde Möhre Festival*, das auf einem ehemaligen Tagebaugelände bei Drebkau in der Lausitz stattfindet. Das Festival wurde 2014 zum ersten Mal veranstaltet, damals mit 3000 Besucherinnen und einem Umsatz von 240 000 Euro. 2020 planen die Veranstalter nun mit 7000 Besuchern – und einem Umsatz von 1,4 Millionen Euro. »Davon bleibt jedes Jahr mindestens ein Drittel in der Region«, sagt Mitgründer Alexander Dettke – geboren 1988 in Halle –, als ich ihn anrufe. »Hinzu kommt das Geld, das die Besuchenden im regionalen Supermarkt lassen.«

Er erzählt, dass das Gelände der Wilden Möhre mittlerweile ganzjährig zu einer Touristenattraktion für die Region geworden ist. Die Stadt Drebkau wolle die Wilde

Möhre sogar in ihr Stadtentwicklungskonzept aufnehmen – um Fördergelder zu beantragen, die nun wegen des Kohleausstiegs in die Lausitz fließen. »Die Gemeinde ist mittlerweile offen für das Festival, weil sie die Chancen sieht«, sagt Alexander Dettke. »Das war nicht immer so. Wir sind von so etwas wie dem Staatsfeind Nr. 1, der alle mit lauter Musik stört, zu einem der Hoffnungsträger geworden.«

Dass Leute wie Alexander Dettke – der in Berlin wohnt und theoretisch überall Festivals machen könnte – es gerade dort, in der Lausitz, tun, ist für die Region wichtig; solche Festivals können für den ganzen Osten wichtig sein. Wenn es nahe München nie eine Nation oder Wilde Möhre geben wird, wird München das wirtschaftlich verkraften. Aber gerade weil sich in absehbarer Zeit keine zehn Großunternehmen im Osten ansiedeln werden, könnte hier doch bewahrt und ausgebaut werden, was es gibt.

Alexander Dettke ist überzeugt: »Die Lausitz hat ideale Bedingungen, um ein Magnet für Kulturschaffende zu werden.« Was es dafür brauche, sei ein bisschen Bereitschaft, auch mal eine Sonderregelung zu schaffen – nur dann dürfe zum Beispiel auf ehemaligen Tagebaugeländen gebaut werden. Nur deswegen könne die Wilde Möhre überhaupt stattfinden. Es brauche ein bisschen Experimentiergeist.

15 Westdeutsche im Boot?

Irgendwo zwischen dem Dom und dem dritten Hinweis darauf, wie fantastisch unsere Schoko-Halbkugeln schmecken, fange ich an, mir selbst auf die Nerven zu gehen. Ich führe Freundinnen durch Magdeburg. Sie wollten einen Städtetrip machen, suchten sich selbst Magdeburg aus, und da bin ich natürlich angereist, weil ich nicht die Gelegenheit verpassen wollte, ihnen meine Heimatstadt zu zeigen. Das tue ich gern, denn es gibt wirklich einiges zu sehen. Die Johanniskirche, die Elbe, die Hubbrücke. Den Karstadt im Gebäude des alten Centrum-Warenhauses, das, wenn man ein bisschen schielt, aussieht wie ein Schmuckkästchen mit Zähnen. Den Breiten Weg, der wirklich sehr breit ist, in dem rechts und links der gleiche architektonische Mischmasch aufgereiht ist, der mir so gefällt – Glasfassaden, Platten, Barock- und Renaissancehäuser –, und ein Hundertwasserhaus in Rosa. Dann gibt es natürlich noch den Magdeburger Dom, 800 Jahre alt, eben 104 Meter hoch und der älteste gotische Sakralbau Deutschlands. All das berichte ich gern (und kann es in meinem Buch über Ostdeutschland nicht unerwähnt lassen). Man sagt, dass Leipzig das neue Berlin ist. Die Theorie, dass dann aber Magdeburg das neue Leipzig ist, habe ich bereits vor meinen Freunden ausgebreitet. Und die Geschichte zu den Schoko-Halbkugeln ist rasch erzählt:

Otto von Guericke bewies mit dem sogenannten Halbkugel-Versuch in Magdeburg das Vakuum. Genau! Man kann sagen: Die Kraft der Leere wurde in Magdeburg entdeckt. Als jemand aus der Freundinnenrunde Magdeburg dann auch lobt, rufe ich »Sehr gut!« und klatsche einmal. Das war dann selbst mir zu viel. Ich klinge wie ein Groupie meiner Heimatstadt.

Meine Freundinnen leben in Leipzig, die meisten von ihnen kommen aus Westdeutschland, fast alle sind heute zum ersten Mal in Magdeburg. Sie sehen mir meine Groupieness zum Glück nach und lachen darüber. Aber den Rest des Weges versuche ich, mich etwas zurückzunehmen. Als ich später im Bett liege, frage ich mich, wie viel ich von meinen westdeutschen Freunden verlangen kann. Müssen die das Klatschen ertragen? Müssen sie sich all diese Geschichten anhören über den Osten? Ab wann wird es zu viel, anstrengend, kontraproduktiv?

Heute ist alles noch mal gut ausgegangen. Ich habe aber auch schon erlebt, dass Freundinnen genervt reagierten, wenn ich wieder mit dem Osten anfing. Umgekehrt merke ich, wie ich mittlerweile manchmal ungeduldig werde, wenn ich die immer gleichen Argumente gegen meine Reise höre (»Das macht doch nach 30 Jahren keinen Unterschied mehr«; »Was weiß man denn schon über Rheinland-Pfalz?«). Es haben nicht alle Westdeutschen Lust auf das Ost-Thema. Kann ich verlangen, dass sie die ostdeutsche Perspektive sehen? Braucht es das? Wie wichtig ist es, Westdeutsche ins Boot zu holen, um für den Osten zu streiten?

* * *

Zeitz liegt näher an Magdeburg als Berlin an Leipzig – man braucht aber doppelt so lang für diese Strecke. Zweieinhalb Stunden. Reisen ohne ICE.

In Zeitz will ich, einen Tag nach meiner Magdeburg-Tour, Aufbruch Ost besuchen, eine Initiative von jungen Leuten aus Leipzig, und ihnen bei ihrer Arbeit zusehen. Die Idee zu der Initiative hatte Philipp Rubach, ein ostdeutsches Nachwendekind, geboren 1996, auch er ist heute dabei. Er wünscht sich nichts weniger, als dass Aufbruch Ost massentauglich wie Pegida wird. Nur von links. Eine Bewegung, die für Ostinteressen streitet und von unten die Politik aufmischt. In Zeitz wollen sie heute bei einem Bürgercafé mit Menschen ins Gespräch kommen.

Zeitz ist eine ehemalige Industriestadt im Süden Sachsen-Anhalts und gehört zum mitteldeutschen Braunkohlerevier, knapp 29 000 Menschen leben dort. Nach der Wende verlor die Stadt mehr als die Hälfte ihrer Einwohnerinnen, fast jedes dritte Haus steht mittlerweile leer. Manche nennen Zeitz deswegen eine *Geisterstadt*. Andere hingegen sehen in Zeitz sogar eine Konkurrenz für Leipzig, das nur 50 Kilometer entfernt liegt, wegen der günstigen Boden- und Mietpreise.

Als ich aussteige, regnet es, das erste Mal seit Wochen. Am Straßenrand stehen Altbauten, die schöner aussehen als im Prenzlauer Berg, aber weniger spießig wirken. Dazwischen Fachwerkhäuser und Bauten, in denen ich früher gern Prinzessin gespielt hätte. Alles hier wirkt märchenhaft, verzaubert. Mir gefällt das.

Aber ich weiß nicht, was die Zeitzer von meinem Märchen-Kompliment halten würden. Zur Wahrheit gehört:

Es wirkt verzaubert, weil es etwas von einer vergangenen Welt hat. Einige Fassaden außerhalb des Zentrums sehen aus, als hätte sich dort seit Jahrzehnten nichts getan. Ich werde nicht durch die Smartphones anderer in die Gegenwart zurückgeholt. Weil mir überhaupt keine Menschen entgegenkommen.

Die Leute von Aufbruch Ost finde ich vor einem großen, schmalen Backsteingebäude. Auch dort sind die Fenster in den oberen Etagen leer, aber unten gibt es Kaffee und Kuchen. Die Leipziger, neun Leute von Anfang bis Mitte 20, stehen um zwei Holzbänke und zwei Holztische herum, in Regenjacken, die Hände gegen die Kälte tief in die Taschen vergraben. Vor dem Supermarkt auf der anderen Straßenseite herrscht reger Betrieb. Zwischen den Studierenden aus Leipzig steht nur ein Herr um die 50, mit sympathischem Schnauzer.

Philipp schaut mir mit Kaffee in der Hand entgegen. Er ist so alt wie mein Bruder, Anfang 20, das jüngste Nachwendekind, das ich treffe – aber wohl das mit dem ausgeprägtesten Ostbewusstsein. »Das hier ist also der Aufbruch?«, sage ich, als ich vor ihm stehe, etwas gemein, aber lieb guckend. Er lacht. »Es ist besser, als ich erwartet hätte«, sagt er. »Die Leute reden mit uns und erzählen uns ihre Geschichte.« Und für die sind sie hier.

Aufbruch Ost will ziemlich viel auf einmal, seit sich die Gruppe im Herbst 2018 gegründet hat. Sie haben einerseits konkrete politische Forderungen, andererseits reisen sie in ostdeutsche Städte, fragen die Menschen nach ihren Erfahrungen aus der Nachwendezeit und verbreiten diese im Internet. Sie nehmen an Demos teil, veranstalten Podien und sitzen manchmal selbst auf welchen, als junge

Stimmen aus dem Osten. Nach einer großen Straßenbewegung klingt das noch nicht. Aber man könnte sagen, mit dem Zuhören und Weitererzählen wollen sie dorthin. Hier in Zeitz veranstalten sie, wie schon oft, ein Bürgercafé, um mit Menschen ins Gespräch zu kommen. Sie haben ihre Kamera dabei, um diese Geschichten dann weiterverbreiten zu können, damit noch mehr sie hören.

»Das größte Problem im Osten ist diese wahnsinnige Resignation«, sagt Philipp. »Die Leute sagen: ›Eure Forderungen sind richtig, aber es bringt ja nichts.‹ Sie glauben nicht, dass sie etwas bewegen können. Das wollen wir aufbrechen und den Menschen ein Angebot unterbreiten.«

Da sind also Nachwendekinder, die den Ostdeutschen mit Umbrucherfahrung zeigen wollen: Wir sehen euch. Eure Geschichte ist wichtig, ihr habt das Recht, Forderungen zu stellen – schaut her, wir stellen sie mit euch gemeinsam. Wenn man so will, geht es bei *Aufbruch Ost* ganz viel um Hoffnung, um Mut. Beides wollen Jüngere den Älteren geben. Ist das genial oder auch wieder ein bisschen anmaßend?

Philipp und ich flüchten uns vor dem Regen in das Backsteingebäude. Eine leer stehende ehemalige Zigarrenfabrik, an der Wand hängen Fotos einer Ausstellung, die die Morde des Nationalsozialistischen Untergrunds (NSU) thematisiert. Organisiert haben sie die Leute des Kloster Posa, Kulturschaffende, die ein ehemaliges Kloster am Stadtrand in ein kulturelles Zentrum verwandeln. Sie haben auch Aufbruch Ost nach Zeitz eingeladen. Die Initiatoren des Klosters sind ostdeutsche Wendekinder. Regelmäßig nutzen die Klosterleute Brachen der Stadt für Veranstaltungen (Kraft der Leere!). Philipp und ich setzen uns auf eines der Sofas am Fenster, mit Kaffee in Gläsern und Kuchen in Tupperdosen.

Philipp ist eines der wenigen Nachwendekinder auf meiner Reise, das sein Ostdeutsch-Sein nicht erst entdecken musste. Denn die Umbrüche der Wendezeit waren in seiner Familie immer ein Thema. Sein Großvater war früher Generaldirektor in einem VEB-Kombinat und nannte ein Kapitel in seiner Biografie *Die Wende – eine schwarze Zäsur.* »Bei mir ist die Ost-Identität schon krass ausgeprägt«, sagt Philipp. »Ich empfinde es als tiefe Ungerechtigkeit, auch familiär gesehen, was in der Nachwendezeit passiert ist. Ich kann es nicht mehr ertragen, wenn Politik gemacht wird, ohne diese Geschichte zu berücksichtigen.«

Als »kurzen Herbst der Utopie« bezeichnet Philipp die Zeit nach dem Mauerfall. »Es gab damals viele tolle Initiativen wie die Friedensbewegung, den Unabhängigen Frauenverband, die Umweltbibliothek und basisdemokratische Initiativen wie den Runden Tisch. Doch leider ist nicht viel von deren Ideen übrig geblieben. Die Stimmung ist innerhalb kürzester Zeit ins Völkisch-Nationalistische und Kapitalistische abgedriftet.« Das, was dann passiert ist, nennt er eine »Chronologie der Niederlagen«. Die erste sei gewesen, dass die Ostdeutschen ihre eigenen Betriebe nicht selbst hätten übernehmen können. Die zweite, dass ihre Proteste gegen die Treuhand keinen Effekt gehabt hätten. Die dritte, dass die Hartz-IV-Proteste bundesweit überhört worden seien. Mit Pegida sei das erste Mal seit der Wende eine Stimme aus Ostdeutschland bundesweit wahrgenommen worden. Das finde er tragisch. Philipp ist überzeugt, dass auch eine linke ostdeutsche Bürgerbewegung funktionieren kann – mit konkreten politischen Forderungen wie jenen, die Aufbruch Ost stellt. »Wir müssen eine kämpferische Grundhaltung bewirken und die solidarische Perspektive aufmachen, dann kann der Aufbruch Ost funktionieren«, sagt er.

Philipp spricht schnell, eindringlich, emotional. Er wirkt entschieden. Zuerst überrascht mich diese Eindeutigkeit. Aber dann denke ich, er ist sich schon viel länger bewusst, was hier im Osten passiert ist und welche Auswirkungen das auf Wahlentscheidungen hat. Wenn man das Gefühl hat, das Problem schon lange zu kennen, während es die anderen nicht sehen, dann wird man erst ungeduldig, irgendwann wohl entschlossen.

Eine der Forderungen, die Philipp am wichtigsten sind, ist die Aufarbeitung der Treuhandarbeit. Die Treuhandanstalt hatte in den 1990er-Jahren die Aufgabe, die volkseigenen DDR-Betriebe zu privatisieren – was in vielen Fällen zu ihrer Zerschlagung führte. Manche kritisieren, wie Philipp, dass die Treuhand ihre Arbeit auf Kosten des Ostens gemacht habe. Ostdeutsche konnten in der DDR kein eigenes Vermögen anhäufen, weshalb die meisten Unternehmen an Westdeutsche gingen. Andere betonen, dass nur so überhaupt Betriebe hätten gerettet werden können.

Aber dass Fehler passiert sind, sagt selbst die ehemalige Treuhandchefin Birgit Breuel in einem Interview mit der *Frankfurter Allgemeinen Sonntagszeitung*. Selbst sie findet, dass es in Deutschland eine »breite gesellschaftliche Debatte über die Mühen der Einheit« brauche. Ich denke: Was spricht gegen Debatten?

Ein paar andere der Aufbruch-Gruppe setzen sich zu uns aufs Sofa. Sie erzählen, was sie bewegt, bei Aufbruch Ost mitzumachen. Einige wollen etwas gegen den Rechtsruck tun, andere neue Perspektiven lernen – viele, die dabei sind, kommen aus Westdeutschland.

»Braucht es Westdeutsche für den Aufbruch Ost?«, frage ich.

Mit in der Runde sitzt Julia Stoephasius. Sie studiert in Leipzig, ist Mitte 20, aus Baden-Württemberg. Sie sagt: Ja. »Nur wenn wir alle gemeinsam handeln, kann Veränderung stattfinden.« Dann entspinnt sich zwischen ihr und Philipp eine Diskussion.

Philipp stimmt ihr zwar zu, dass jeder bei einem Aufbruch Ost mitmachen könne – und diese »Allianz« zwischen Ost- und Westdeutschen großartig sei. Aber dann nimmt er Bezug auf die Frage nach dem ostdeutschen *Wir* – er findet, das sei zunächst nötig, um politisch etwas zu verändern. Was im Umkehrschluss Westdeutsche in ein *Ihr* packt. Und das kritisiert Julia.

»Damit machst du es mir als Westdeutscher schwer, am ostdeutschen Diskurs teilzuhaben«, sagt sie.

»Das klingt so, als ob du findest, der Osten sollte einfach gesamtdeutsch denken«, sagt Philipp. »Ich sehe das anders. Wenn es 30 Jahre nach der politischen Einheit noch immer keine wirtschaftliche Einheit gibt, dann sind wir verpflichtet, von *Ostdeutschen* und *Westdeutschen* zu sprechen, um den Finger in die Wunde zu legen.«

»Wenn man ein *Ihr* und ein *Wir* aufmacht, spaltet das nur. Man muss bei Westdeutschen für Interesse sorgen, indem man die richtigen Fragen stellt«, sagt Julia.

»Ehrlich gesagt erwarte ich, dass Westdeutsche sich von

selbst mehr für den Osten interessieren, vor allem, wenn sie hier leben. Mich regt es auf, wenn Leute wegen des kulturellen Angebots und der günstigen Mieten nach Leipzig kommen, sich hier ausbilden lassen und dann wieder abhauen, ohne ihre studentische Blase mal verlassen zu haben. So viel Sensibilität erwarte ich schon.«

»Wie ist es mit Ostdeutschen, die zum Studieren in den Westen gehen?«, frage ich.

»Da die deutsche Geschichte in der Regel westdeutsche Geschichte ist, haben wir sie sowieso alle auf dem Schirm. Aber von ostdeutscher Geschichte wissen viele noch immer gar nichts«, sagt Philipp.

»Um das zu ändern, darf man Westdeutsche aber nicht aus dem Diskurs ausschließen«, sagt Julia.

»Ein ostdeutsches *Wir* aufzumachen ist die einzige Möglichkeit, einen Diskursraum zu eröffnen, in dem den Ostdeutschen auch zugehört wird. Nur damit kann den Forderungen Nachdruck verliehen werden. Natürlich sind *die Ostdeutschen* sehr verschieden. Aber wenn wir anfangen, das ins Kleinste zu differenzieren, können wir einpacken«, sagt Philipp,

»Ich gehe mit, dass die Aufarbeitung der Geschichte im Kreis Ostdeutscher stattfinden muss«, antwortet Julia. »Da braucht es meinetwegen das ostdeutsche *Wir*. Aber im zweiten Schritt müssen Westdeutsche eingeschlossen werden.«

Nun sind die beiden bei Fragen angekommen, die mir schon oft begegnet sind: ob ein ostdeutsches *Wir* spaltet, und was es für Westdeutsche bedeutet. Schließt man sie aus? Will man sie ausschließen? Oder dürfen sie mitstreiten? Sollen sie?

Eine kleine Gruppe der Aufbruch-Leute macht sich samt Regenschirmen auf in die Innenstadt, ich gehe ihnen hinterher. Die meisten Straßen im Zentrum sind, wieder einmal, perfekt saniert. Und niemand unterwegs. Es ist Samstagnachmittag, alle Geschäfte sind geschlossen. Die ersten zwei Menschen, die uns begegnen, sind Touristen. »Wie eine Filmkulisse«, sagt eine.

Es wird immer behauptet, die Ostdeutschen würden sich nicht genug über die Demokratie freuen. Aber im Westen kam die Demokratie mit Marshall-Plan und dem Wirtschaftswunder der 1950er-Jahre. Im Osten zwar mit sanierten Innenstädten, doch ehe die fertig waren, waren die Leute schon verschwunden – und Jobs gingen eher verloren, als dass neue dazukamen.

Die Aufbruch-Leute haben nicht viele Gespräche an diesem Tag. Doch die, die sie führen – auf der Straße, vor dem Bürgercafé oder vor dem Supermarkt auf der anderen Straßenseite –, sind stets intensiv. Die Studierenden stellen ihre Fragen mit einer imponierenden Zugewandtheit. Ihr Interesse am Osten wirkt ehrlich. Die Zeitzer scheinen das zu merken. Keiner reagiert abweisend, alle reden. Nicht ein Mal habe ich die Frage gehört, was diese jungen Leute denn (noch) mit dem Osten zu tun hätten.

Einen Mann, der eine Weile vor dem Bürgercafé steht und redet, frage ich danach, ob er aus dem Gespräch etwas mitgenommen habe. Er sagt: »Nee, mitnehmen, darum geht es nicht. Weitergeben! Dass man auch mal wahrgenommen wird.«

Die, die dem Mann dieses Gefühl gegeben hat, war Julia aus Baden-Württemberg.

Können Westdeutsche für den Osten streiten? Natürlich. Es geht dabei doch ganz viel um Sichtbarkeit. Je mehr streiten, desto mehr wird gesehen. Je mehr zuhören, desto mehr kann auch weitererzählt werden. Ohne Westdeutsche funktioniert es nicht – oder dauert sehr, sehr lang. Wären heute für Aufbruch Ost nur Ostdeutsche angereist, wären sie nicht neun Leute, die die Zeitzerinnen nach ihren Geschichten fragen, sondern fünf.

Ist es ein Widerspruch, Westdeutsche mitstreiten zu lassen und trotzdem von einem ostdeutschen *Wir* sprechen zu wollen? Auch von einem *Wir* der ostdeutschen Nachwendekinder? Ich glaube nicht. Das *Wir* führt im ersten Schritt zu der Sichtbarmachung, die Bewusstsein schafft bei denen, die nicht von vornherein in dieses *Wir* eingeschlossen sind. Aber dann können alle mitmachen. Siehe meine Mitbewohnerin.

Bei uns war es so: Aus mir prasselten ständig meine Reise-Erkenntnisse heraus. Sie hat sich all das angehört, immer geduldig. Umgekehrt war ich geduldig, wenn sie Fragen gestellt hat, die ich schon oft gehört habe. Deswegen hat sie nie aufgehört zu fragen. Und spricht nun selbst über den Osten. Ist jetzt ostbewusst. Als ich daran denke, nehme ich mir vor, wieder geduldiger zu sein.

Aber was kann man von Westdeutschen verlangen? Ich persönlich würde nicht so weit gehen wie Philipp, dass ich etwas *erwarte*. Es gibt einfach ziemlich viel zu wissen auf dieser Welt. Sich mit der ostdeutschen Perspektive auseinanderzusetzen ist nicht für jeden machbar. Aber vielleicht wäre etwas anderes denkbar: das einfache Bewusstsein dafür, dass es diese Perspektive gibt. Also die Gewissheit, dass es da diesen *Osten* gibt mit einer eigenen, in Teilen anderen, Erzählung. Damit man ihr zuhört, falls diese einem begegnet, und sie nicht abtut als etwas, das keine Rolle mehr spiele.

Das Gleiche gilt für Parallelerzählungen generell; auch die, die man noch nicht selbst im Blick hat – für andere Menschen sind sie immer auch Haupterzählungen.

Ist es nun anmaßend, wenn junge Menschen sich hinstellen und Forderungen formulieren, die auf Erfahrungen beruhen, die sie nicht selbst gemacht haben, wie Aufbruch Ost es tut? Einerseits ist das sicherlich immer eine Gefahr. Aber gleichzeitig, glaube ich, geht es nicht anders. Auch Jüngere müssen mitreden, wenn die ostdeutsche Stimme gehört werden soll. Zeuginnen sein. Gleichzeitig bringen sie das Selbstbewusstsein mit, die Stimme noch lauter werden zu lassen.

Das Wichtige ist, dass man zuerst zuhört. Das tut Aufbruch Ost. Zuhören soll ja generell nicht schlecht sein, damit man weiß, wovon man spricht.

Auch ich habe mich schon gefragt, ob ich nicht anmaßend bin. Mittlerweile denke ich, dass ich mich nicht hinstellen und meine Wahrnehmung anderen überstülpen kann. Wenn meine Eltern und Norbert Leisegang sagen, die fehlende Anerkennung war für sie nie ein Problem, dann ist das so, und ich werde das niemandem absprechen, der es selbst erlebt hat. Sondern ihre Erfahrung mitnehmen. Es gibt so viele Ostdeutsche, die Umbrucherfahrung ist das orangefarbene Pauspapier, das sich verschieden auswirkt, wodurch die Wende auch für jeden anders aussah.

Aber trotzdem kann ich das, was sie sagen, dem hinzufügen, was ich von anderen höre, was ich selbst wahrnehme und als Ostdeutsche erfahre – daraus kann ich Schlussfolgerungen ziehen. Und über die kann ich reden.

Es gibt noch etwas anderes, das mich bei Aufbruch Ost an diesem Tag beeindruckt. Ihre Ruhe bei Positionen, die sie selbst schwierig finden.

Einmal spricht eine Zeitzerin davon, dass das Problem sei, dass »die Ausländer« vieles umsonst bekommen würden: neue Klamotten, Smartphones. Der Mann von Aufbruch Ost fragt, woher sie das denn wisse, und entgegnet, ernst nehmend, ohne herabwürdigend zu sein: »Also, ich kenne ein paar Flüchtlinge, und bei denen weiß ich, dass das nicht so ist. Kennen Sie andere? Finden Sie, sie sollten mit dem Geld, was sie haben, nicht kaufen können, was sie wollen?« Die Frau antwortet nicht darauf und sagt nichts weiter zu dem Thema. Dann macht sie sich wieder auf den Weg. Man sieht ihr an, dass sie ihre Meinung überdenkt. Das ist zumindest das, was ich gern schreiben würde. Ich habe natürlich keine Ahnung, was sie denkt.

Manche meinen, man solle nicht mit Rechten reden, weil das nirgends hinführe. Ich weiß immer nicht, bei wem diese Forderung anfängt. Bei dieser Frau? Bei jedem, der die AfD wählt? In Zeitz waren das 2017 bei der Bundestagswahl 26,2 Prozent. Das lässt sich leicht fordern. Wenn man nicht hier lebt.

Ich verstehe, wenn Menschen sagen, dass sie nicht bereit sind, sich mit Leuten mit bestimmten Positionen an einen Tisch zu setzen. Das kann ich einmal mehr nachvollziehen, obgleich natürlich nicht nachempfinden, wenn ihre eigene Person, sei es wegen Kultur, Religion, Hautfarbe oder Kopfbedeckung, durch diese Positionen unmittelbar bedroht ist. Das ist bei den Leuten von Aufbruch Ost, die heute dabei sind, nicht der Fall.

Aber ich denke: Irgendwer muss doch weiterreden. Ob man diese Frau nun schon rechts nennen würde oder nicht – es ist gut, was der Mann von Aufbruch Ost im Gespräch mit der Frau getan hat. Wer weiß, vielleicht hat sie ja wirklich zugehört.

16 Ostfrau

Ich bin joggen und fühle mich so, wie man sich eben fühlt, wenn man schon 21 Minuten unterwegs ist, obwohl man seit 19 Minuten aufgeben will. Superheldinnenmäßig und unbesiegbar. Dazu höre ich meine Ost-Playlist, die ihr Übriges tut. Mit jeder Minute, jeder Runde werde ich euphorischer. Über diese Reise, meine Erkenntnisse, über das Ostbewusstsein und das, was es bewirkt. Es ist plötzlich überall. Ich muss gar nicht mehr danach suchen.

Es gibt so viele Bücher, Podcasts, Artikel, Initiativen, Projekte von Nachwendekindern:

Da ist der Podcast *Ostwärts. Eine Ode an den Osten* von Anne Ramsdorf (geboren 1991 in Ost-Berlin), der sich mit den schönen Seiten des Ostens beschäftigt. Der Twitter-Hashtag *Der andere Osten*, initiiert von Stefan Krabbes (1987, Dessau), tut Gleiches. Die Journalistin Thembi Wolf (1990, Thüringen) schreibt für Bento und hat ihre Generation in einem ihrer Artikel *Ost-Millennials* getauft. Und der Autor Johannes Nichelmann (1989, Ostberlin) hat ebenfalls ein ganzes Buch über die Nachwendekinder geschrieben.

Nachwendekinder machen den Osten zum Thema. In den Medien – und, wie ich auf meiner Reise gesehen habe, nicht nur dort. Es gibt endlich viele wahrnehmbare, junge ostdeutsche Stimmen, die gestalten wollen. Stimmen, die

Rechtsradikalismus verurteilen, ohne den ganzen Osten zu verurteilen.

Vor den ostdeutschen Landtagswahlen 2019 hat sich beispielsweise das Bündnis *Wann, wenn nicht jetzt* gegründet, um auf ostdeutschen Marktplätzen für Demokratie zu streiten. Eine linksprogressive Initiative, die auf Differenzierung besteht. Auf ihrer Internetseite heißt es, sie wollten zeigen, »dass sich auch in ostdeutschen Kleinstädten wie Bautzen, in denen es einen rechten Konsens zu geben scheint, viele Menschen selbst organisieren, sich antifaschistisch und antirassistisch engagieren und für mehr soziale Gerechtigkeit für alle einstehen«.

Es geht dabei nicht darum, die Probleme im Osten schönzureden – nur soll auch erwähnt werden, dass der Osten mehr ist als diese Probleme. Dass es Leute gibt im Osten, die versuchen, etwas gegen diese Probleme zu tun. Ich habe das Gefühl, es wurde etwas verstanden.

Und auch ich verstehe immer mehr. Über den Osten, die Ostdeutschen, aber auch über mich selbst.

Neulich wollte ich nur ein paar Zahlen zum Thema ostdeutsche Frauen heraussuchen, doch ich las mich plötzlich stundenlang an Ost-West-Statistiken fest. Weil die so viel mit mir und meinem Blick auf die Welt zu tun hatten.

Zum Beispiel haben viele Mütter in Westdeutschland noch immer das Gefühl, sich rechtfertigen zu müssen, wenn sie trotz eines kleinen Kindes Vollzeit arbeiten gehen. 2015 waren es laut einer Studie des Bundesfamilienministeriums 69 Prozent. Der Großteil der ostdeutschen Frauen hingegen – 65 Prozent nämlich – fühlt diesen Druck nicht (50 Prozent der Frauen im Osten empfinden den Druck sogar »überhaupt nicht«; im Westen sagen Letzteres gerade einmal 5 Prozent). Das sind verschiedene Welten.

Ich habe keine Kinder, aber ich kann mir auch nicht vorstellen, diesen Druck zu empfinden – weil ich es nicht anders kenne, als dass auch Mütter Vollzeit arbeiten gehen.

Das hat mit der Frauenpolitik der DDR zu tun. In der DDR war es selbstverständlich, als Frau mit Kind arbeiten zu gehen, das wurde gefördert und sogar gefordert. Als die Mauer fiel, waren in der DDR 91 Prozent der Frauen erwerbstätig – der höchste Wert weltweit. Von den westdeutschen Frauen arbeitete da nur jede zweite. Das prägt natürlich das Denken bis heute. Damals waren die meisten westdeutschen Frauen der Meinung, dass Kinder darunter leiden, wenn die Mutter zu früh arbeiten geht – 69 Prozent. Im Osten sahen das viel weniger so – 30 Prozent.

Als ich geboren wurde, blieb meine Mutter ein Jahr zu Hause und ging danach wieder Vollzeit arbeiten. Alle meine Schulfreunde und ich sind in die Kita gegangen, viele vermutlich auch in die Krippe. Vielleicht gab es ein paar Ausnahmen, aber es war jedenfalls nie Thema. Die Idee, mich deswegen vernachlässigt zu fühlen, hatte ich nicht. Die Idee der »Rabenmutter« war mir lange überhaupt kein Begriff.

Deswegen bin ich auch heute recht frei von der Angst, dass mich jemand mal so nennen könnte. Einmal meinte eine westdeutsche Freundin zu mir, als sie das Konzept der Hausfrau verteidigen wollte: »Ich finde es auch okay, erst mal für das Kind da zu sein.«

Ich weiß natürlich, was sie meint. Und ich finde es völlig in Ordnung, wenn Männer oder Frauen sich entscheiden, für Hausarbeit oder Kind nicht erwerbstätig zu sein.

Aber ich dachte auch: Nie würde mir so ein Satz über die Lippen kommen. Weil ich eben nicht finde, dass man nicht für sein Kind da ist, wenn es tagsüber in der Kita mit anderen Kindern spielt.

Vielleicht ist die ganze Debatte darum, ob Beruf und Familie überhaupt vereinbar sind, eigentlich eine eher westdeutsche Debatte. Ich habe sie immer sehr interessiert verfolgt. Und ich halte sie, um das zu betonen, auch für absolut notwendig, vor allem aus feministischer Perspektive. Aber emotional berührt hat sie mich bislang eigentlich kaum.

Im Westen ist es, anders als im Osten, offenbar häufig noch immer eine Entweder-oder-Entscheidung. Arbeit oder Kind. 2012 hatte in Westdeutschland fast jede zweite Frau keine Kinder (47 Prozent), wenn sie Vollzeit arbeiten ging – im Osten traf das gerade einmal auf 8 Prozent zu. Für dieses Entweder-oder spricht auch, dass es in Westdeutschland häufiger Kinderlose gibt als in Ostdeutschland. Aber auch häufiger Mütter mit zwei oder mehr Kindern. Wenn man eine Entscheidung treffen muss, so scheint es, dann entscheidet man sich eben richtig. Ein einziges Kind, wie es in Ostdeutschland häufiger vorkommt, verträgt sich noch besser mit einem Job.

Wenn ich westdeutsche Debatte sage, meine ich nicht die Frage, wie man politisch umsetzt, dass beides möglich ist. Das betrifft uns alle. Ich meine, sich überhaupt die Frage zu stellen, ob das geht, Beruf und Familie. Ich habe nicht das Gefühl, mich entscheiden zu müssen. Ich weiß, dass es schwer werden könnte, Vollzeit zu arbeiten mit einem Kind, und ich verlange, dass Politik und Arbeitgeber die Umsetzung dessen so leicht wie möglich machen. Aber aufgrund des einen auf das andere zu verzichten ist eben keine Frage, die sich mir tatsächlich stellt. Kinder stehen in meinem Kopf keinem Karriereziel im Weg.

Von westdeutschen Frauen hingegen höre ich heute noch, dass ihnen manchmal die Frage begegnet: Kurz nach der Geburt schon wieder arbeiten gehen – wie bringt man das denn über das Herz? Manche erzählten mir, dass sie sich das insgeheim sogar selbst fragen, auch, wenn sie das nicht wollen. Ich habe so etwas, ganz ernsthaft, in meinem ganzen Leben noch nicht gedacht.

Diese ganzen Zahlen zu sichten war ein riesiger Aha-Moment. Ich erkannte mich selbst darin. Mir wurde außerdem wieder einmal klar, dass auch ich selbst die ostdeutsche Perspektive lange übersehen habe. Jahrelang habe ich allen Leuten entrüstet erzählt, dass die Frauen in Deutschland bis 1977 ihre Ehemänner fragen mussten, wenn sie arbeiten wollten. Das hatte ich an der Uni so gelernt. Dabei stimmt das nicht. Das war nur in Westdeutschland so. In der DDR wurde das schon 1950 geändert. Das ist es, was Ostdeutsche meinen, wenn sie sagen, sie werden nicht wahrgenommen. Oft würden schon ein paar Halbsätze mehr reichen, um die ostdeutsche Perspektive zu berücksichtigen.

Wenn ich seitdem darüber rede, was in Sachen Frauenpolitik in der DDR gut lief, höre ich sofort den Hinweis, dass Frauen auch in der DDR nicht gleichberechtigt waren. Das stimmt. Sie hatten zwar, im Vergleich zu Westdeutschland, auf dem Arbeitsmarkt mehr Möglichkeiten, mehr Rechte. Aber in der Enge des DDR-Systems konnte sich kaum emanzipatorisches Denken entfalten. Trotzdem finde ich diesen Hinweis etwas ermüdend. Wir leben im globalen Patriarchat. Auch heute sind Frauen noch nicht gleichberechtigt. Ja, die Frauenpolitik ging von einem diktatorischen Regime aus, und mehr als Frauen war der Staat im Mittelpunkt des Interesses. Das stellt niemand infrage. Trotzdem könnte man, wenn man sich die Frauenpolitik der DDR betrachtet, einiges mitnehmen, wovon man in einem wiedervereinigten Land profitieren könnte. Die Feministin in mir hat jedes Mal das Bedürfnis, die Hände über dem Kopf zusammenzuschlagen, wenn sie daran denkt, wie weit wir heute sein könnten, wenn man das schon vor 30 Jahren getan hätte.

Stichwort Abtreibung, die war voraussetzungsfrei legal. Oder Verhütung: In der DDR war die Pille kostenlos. Trotzdem wurde der Geburtenrückgang, zunächst, ab den 1970er-Jahren gestoppt. Wie? Indem man Frauen soziale Sicherheit bot. Eine umfassende Kinderbetreuung, auch in Ferienzeiten. Kita-Öffnungszeiten, die einen Vollzeitjob ermöglichten. Sicherheit, nach einer Schwangerschaft an den Arbeitsplatz zurückkehren zu können. Haushaltstage zur Erledigung wichtiger Aufgaben. Bezahlte Freistellung im Krankheitsfall der Kinder. Unterstützung für alleinerziehende Mütter – Betriebsleiter wurden sogar gesetzlich verpflichtet, diese bevorzugt einzustellen. Heute ist kaum eine Gruppe in Deutschland so sehr von Armut bedroht wie alleinerziehende Mütter (wobei die bessere Vereinbarkeit von Familie und Beruf eben nicht nur für Frauen wichtig ist, sondern natürlich auch für Männer).

Anders gesagt: Vernünftige Frauenpolitik ist kein Hexenwerk. Und sehr viel war schon einmal da. Solche Erkenntnisse können doch wieder sichtbarer werden und wir daraus lernen. Wie bekommen wir das hin?

Mit Ostbewusstsein!

Ich bin mittlerweile sehr begeistert von diesem Ostbewusstsein, meiner ganzen Reise; allem, was ich erfahre. Und ich will das immer noch mehr tun, mehr lernen, sehen, reden über den Osten, die Geschichte, die Perspektive, die Musik. Ich fahre richtig auf. Ich höre nur noch Musik aus dem Osten, die DDR-Musik, dann Kraftklub, Feine Sahne Fischfilet, Marteria, Silbermond. »Mein Osten«, »Wenn dein Herz nicht mehr so schreit!«, »original Ostler!«. Ich bin zeitweise regelrecht berauscht.

Ost-, ost-, ost-be-rauscht!

Die Begeisterung endet mit der Europawahl.

Nebeneinander

»Die sagen: Was ist mit euch im Osten los? Wir schenken euch die Freiheit, und statt Business zu bauen, beschwert ihr euch den ganzen Tag und lebt von anderer Leute Geld. Ich sag den Freunden dann immer: Es ist komplizierter, als ihr denkt. Aber in Wirklichkeit schäme ich mich. Ich schäme mich für meine eigene Stadt.«

Christian Bangel, Oder Florida

17 Vom Hype in den Zweifel

Wenn ein Buch erscheint, das gefehlt hat, dann merkt man das daran, dass Freunde einem das Foto des Covers schicken und fragen: »Kennst du schon?« So war das bei »Mit der Faust in die Welt schlagen«, dem ersten Roman von Lukas Rietzschel. Veröffentlicht wurde das Buch im September 2018, kurz nach den ersten rechtsextremen Ausschreitungen in Chemnitz. Binnen Wochen wurde Lukas Rietzschel einer der großen Erklärer des Ostens. Und einer der jüngsten. Er wurde 1994 geboren, wuchs in Kamenz in der sächsischen Oberlausitz auf und lebt heute in Görlitz.

Wir haben eine Doppelverabredung. Zuerst begleite ich ihn zu einer Lesung seines Romans in Westdeutschland, nach Herford in Nordrhein-Westfalen, danach fahren wir gemeinsam nach Görlitz. Ich will, dass er mir zeigt, warum er im Osten geblieben und nicht wie so viele andere aus seiner Generation fortgezogen ist. Was mir aber bei unserer Terminvereinbarung nicht präsent ist: Wir werden am Wochenende der Europawahl in der Stadt sein. Und am gleichen Tag, an dem in Görlitz ein neuer Oberbürgermeister gewählt wird. Das wird an diesem Sonntag in ganz Deutschland Thema sein: die AfD im Osten. Deswegen wird es bei unserem Besuch in Görlitz auch darum gehen, wie nah die verschiedenen Gesichter der Stadt, des Ostens, oft beieinanderliegen.

Am Abend vor unserem Treffen blättere ich noch einmal durch »Mit der Faust in die Welt schlagen«. Das Buch erzählt das Leben zweier Brüder aus Ostsachsen, von denen einer rechtsextrem wird. Es ist der erste Roman, den ich kenne, dessen Protagonisten Nachwendekinder sind. Das Buch malt ein ziemlich düsteres Bild von Ostdeutschland. Doch ich erinnere mich, wie ich beim Lesen dachte: So könnte es gewesen sein. Figuren, Orte, Gespräche – das alles ist authentisch.

Die Stelle, die mir am eindrücklichsten in Erinnerung geblieben ist, ist eine Szene, in der einer der Brüder, Philipp, mit seinen rechtsextremen Freunden zum Haus einer muslimischen Familie fährt. Sie werfen einen zerlegten Schweinekadaver auf das Haus. Auch Philipp wirft. Danach heißt es: »Die Frage hatte sich gar nicht gestellt, ob er werfen wollte oder nicht.«

Eingeprägt hat sich mir diese Passage, weil sie einerseits so Ungeheuerliches beschreibt. Und andererseits eine so erschreckende Banalität dahinter.

* * *

Lukas und ich finden uns im Bordrestaurant. Was nicht selbstverständlich ist. Irgendwo sind wieder Züge ausgefallen, und nun scheint das ganze Land auf diesen ICE von Berlin nach Hannover angewiesen zu sein. Mit einem »Endlich!« lässt er sich auf den Sitz mir gegenüber fallen. Er trägt ein dunkles Jeanshemd und eine graue Anzughose, deren Enden er umgekrempelt hat. Das Muster seiner Socken sieht von Weitem aus wie kleine Palmen.

Wären die Palmen nicht, könnte man Lukas Rietzschel

für einen Literaten halten, der etwas aus der Zeit gefallen ist. Er hat weder Twitter-, Instagram, noch Facebook-Account. Seine Görlitzer Altbauwohnung ist noch nicht ans Internet angeschlossen. Jeden Morgen steht er um sechs Uhr auf, um ein paar Stunden an seinem neuen Buch zu schreiben. Handschriftlich. In Zeiten, in denen andere junge Leute jede Verbindlichkeit in Angstzustände versetzt, schickt er mir schon Wochen vor unserem Termin eine Kopie seines gebuchten Zugtickets für diese Fahrt.

Seine Eltern sind beide Arbeiter. Auch Lukas hatte nicht vor, unbedingt zu studieren, jetzt ist er mit Mitte 20 Bestsellerautor. Ich habe vorher Fernsehbeiträge gesehen, in denen er ganz selbstverständlich von sich als Künstler spricht. Jetzt, im Zug, setzt er bei dem Begriff Anführungszeichen mit seinen Fingern dazu. So, als ob er selbst noch nicht richtig hinterherkommt bei dem, was ihm im vergangenen Jahr passiert ist. 60 Lesungen hat er schon gehalten, viele davon in Westdeutschland. Für die Leute sei er so etwas wie ein Maskottchen, sagt er, das immer auf die Bühne gebeten werde, wenn sie etwas über Ostdeutschland oder Radikalität erfahren möchten. »Eigentlich wollen Westdeutsche oft von mir erklärt bekommen, dass die Radikalisierung, die da im Osten passiert, anormal ist«, sagt er. Aber diese Begründung würde er ihnen nicht liefern. »Ich versuche schon, ganz klarzumachen, dass das alles mit den gesellschaftlichen Entwicklungen zu tun hat. Wo sich der Staat zurückzieht und Armut sich ausbreitet, da verbreitet sich rechtsradikales Gedankengut – ob im Osten oder anderswo.«

Wir trinken Heißgetränke aus einem Pappbecher – Porzellantassen sind aus –, während er davon erzählt, wie er seine Ost-Identität entdeckte. Auch bei ihm ist es eine Weltenwechsler-Geschichte. Dass er aus *dem Osten* kommt, merkte er während seines Studiums im hessischen Kassel, als Leute ihn »Ronny« nannten und ihn im Supermarkt fragten, ob er nicht Bananen für seine Eltern mitnehmen wolle. Als Pegida zu marschieren begann, wurden aus den blöden Sprüchen ernst gemeinte Fragen. Und da begann auch bei Lukas die Auseinandersetzung mit dem Osten. Er suchte nach Antworten, für die anderen und auch für sich selbst.

Während Lukas und ich reden, schaukeln wir uns gegenseitig in so eine Art Ost-Hype. Das, was ich meine Ost-Brille nenne, nennt Lukas seinen »Ost-Fetisch«.

»Ich springe auf alles auf, was irgendwie mit der DDR zu tun hat«, sagt er. »Meine Freunde machen sich schon lustig über mich und schenken mir DDR-Bildbände zum Geburtstag.« Er könne mittlerweile sogar anhand der Strommasten erkennen, ob wir im Osten oder Westen seien. »Ich will alles, was war, verstehen«, sagt er. »Denn ich habe das Gefühl, die DDR verschwindet einfach. Diese Vergangenheit zerrinnt mir. Sie zerrinnt uns allen. Und ich glaube, wenn ich das nicht aufhalte, ist sie einfach weg. Irgendwie fühle ich mich dafür verantwortlich, dass sie das nicht tut.«

Bei seinen Eltern war diese Vergangenheit nie Thema. Sein Vater habe die DDR regelrecht abgelegt – vorbei, nicht zu ändern. Erst seit er selbst angefangen habe, über den Osten zu schreiben, würde er auch mit seinen Eltern darüber reden. Kommt mir bekannt vor. Lukas sagt, nie würde er in solchen Gesprächen seinen Eltern irgendetwas vorwerfen: »Es wird oft gefragt, warum es denn eigentlich kein 1968er-Erlebnis bei den Ostdeutschen gibt. Aber warum soll ich Leuten, meiner Familie, die nicht so gut durch die Wende gekommen sind, noch irgendwas vorwerfen? Wer bin ich denn, dass ich nachtrete? Wofür denn?«

Lukas wirkt wie ein sehr entschiedener Mensch. In seinen Meinungen, seinen Interessen, seinen Zugverbindungen. Wenn er von Fragen berichtet, bei denen er noch immer die Antwort sucht, nimmt man ihm das deswegen umso mehr ab. Wie in dieser Frage: »Was unterscheidet mich und diese jungen Leute, die zu Pegida gehen? Ich habe noch nicht verstanden, warum ich in Kassel studiert habe, als in meiner Heimat Pegida zu marschieren begann.«

Natürlich, sagt er, könne er sich das anhand seiner Biografie erklären. Sein Vater habe gewollt, dass er die Fachoberschule besuche, dabei sei er mit Kunst in Berührung gekommen, was in ihm den Wunsch geweckt habe zu studieren. Doch in diesem Suchen klingt das Wissen darum durch, dass es, mit anderen Freunden, einer anderen Familie, auch hätte anders kommen können.

Vielleicht teilen dieses Wissen viele Menschen, die Leute kennen, die andere Wege eingeschlagen haben. Ich denke, so ein Wissen ist nicht schlecht, weil es einen vom Podest der selbstverständlichen moralischen Überlegenheit herunterholt. Diesem Podest, auf dem zum Beispiel Leute stehen, die alle von sich zu wissen meinen, dass sie definitiv bei der *Weißen Rose* gekämpft oder niemals mit der Stasi kooperiert hätten, und wenn sie dafür ins Gefängnis hätten gehen müssen. Von diesem Podest aus lässt sich alles Schlechte leicht von sich wegschieben. Diskriminierend verhalten sich dann immer nur die anderen. Schublade auf, Schublade zu, dann muss man sich selbst nicht damit auseinandersetzen. Aber so lässt sich kaum verstehen, was Menschen zum Beispiel zu Pegida gehen lässt. Das ist wiederum nötig: nicht um sie zu verteidigen, sondern um mit diesem Denken umgehen zu können. Alles verstehen heißt nicht, alles verzeihen.

Außerdem sorgt dieses Wissen um andere Wege vielleicht dafür, dass man etwas vorsichtiger durch die Welt geht, in Vorsicht vor sich selbst. Weil man weiß, dass es auch immer anders kommen kann. Sodass man sich auch immer die Frage stellt, ob man werfen soll oder nicht.

In den Fenstern neben uns werden die ostdeutschen Strommasten zu westdeutschen, während Lukas und ich reden. Wir beide sind uns in vielem einig, aber in einem nicht. Er sagt, er habe gar nicht das Bedürfnis, Leuten, die Vorurteile hätten, die anderen Seiten des Ostens zu zeigen oder diese mehr in den öffentlichen Fokus zu rücken.

»Du hast mich jetzt gefragt. Aber von mir selbst aus fange ich nicht an, Leuten zu erzählen, wie fantastisch Görlitz ist«, sagt er.

»Dich stört also überhaupt nicht, wenn jemand etwas Schlechtes über Görlitz sagt?«, frage ich.

»Ist mir wirklich völlig egal. Wenn der Westen was über den Osten erfahren will, dann sollen sie halt herkommen. Ich muss den Westdeutschen nicht die ganze Zeit beweisen, dass wir sehenswerte Sachen haben. Das langweilt mich, und das nervt mich auch.«

»Aber von dem Ruf hängt ja zum Beispiel auch ab, ob Leute mal im Osten vorbeischauen.«

»Ja, aber ich bin doch keine Touristenbroschüre. Ich denke mir eher: Schreibt es schlecht, dann kommt wenigstens keiner, und es bleibt geil. Das ist natürlich ein bisschen egoistisch. Aber ich sehe ja, was in anderen Städten passiert ist, wenn der Raum weniger und teurer wird. Ich will nicht, dass hier die Fehler gemacht werden, die der Westen gemacht hat, dass irgendwelche Marktmechanismen greifen und sich jeder Hans und Franz eine Wohnung kauft und die Freiräume verschwinden.«

»Okay, du willst also erklären, aber nicht verteidigen?«

»Natürlich will ich ihn verteidigen. Aber nicht für andere, sondern für Leute vor Ort. Die Aufgabe, die ich mir stelle, ist es, mit den Görlitzern und Görlitzerinnen zusammen eine großartige Stadt aufzubauen. Die Verantwortung, die ich für die DDR-Vergangenheit spüre, spüre ich schon für die Stadt, den Osten. Ich fühle mich dafür verantwortlich, dass die Region nicht verfällt.«

»Bleibst du nur aus Verantwortungsbewusstsein?«

»Nein, Görlitz gibt mir auch unglaublich viel an Themen, an Geschichten, an Brüchen und an Bildern. Als ich das erste Mal da war, dachte ich: Das ist ja irre. Also mal abgesehen von der Schönheit. Diese Stadt bietet so viel Raum für Ideen. Das ist das, was ich bewahren möchte.«

Lukas erzählt von seinem Görlitzer Leben. Montags spielt er Fußball in Polen, das direkt auf der anderen Flussseite der Neiße liegt. Mittwochs hilft er in der Suppenküche. Er unterrichtet an der Hochschule Literatur und baut gemeinsam mit Freunden in einer alten Synagoge ein Kulturzentrum auf. Es klingt nach einem ziemlich tollen Leben. Spannend. Und sinnvoll. Er sagt, in Görlitz kenne schnell jede jeden, es sei wie ein großer Freundeskreis. Und alle hätten Lust, mitzugestalten, den Freiraum kreativ zu nutzen, etwas aus der Stadt zu machen. Und dann spricht auch er von Utopien im Osten, auch ganz ohne Festivals.

»Ich glaube, im Osten und auch in unserer Generation liegt eine utopische Kraft – durch unsere Vergangenheit«, sagt er.

»Was meinst du?«

»Wir haben keine gewachsenen Strukturen, keine Traditionen, niemanden, der uns sagt, was sich gehört oder nicht. Wie gründe ich einen Verein? Wie arbeite ich in einem? Wie funktioniert politische Partizipation? Das sind alles Dinge, die wir nicht von unseren Eltern gelernt haben. Das ermöglicht extrem viel Spielraum und auch Naivität. Deswegen glaube ich, dass eine ganz wichtige Innovationskraft für unsere Demokratie aus dem Osten kommen kann.«

»Wieso für die Demokratie?«

»Wenn man so will, verstehen wir das politische System samt seinen kleinen Stellschrauben noch nicht. Deswegen können wir sie unbedarfter anpacken, können anders nachfragen: Was ist das denn für ein Weg jetzt hier gerade? Ist das eine gute Demokratie? Ist das ein gutes Parteiensystem? Ich glaube, solche naiven Nachfragen bringen die Gesellschaft voran.«

Mit einigen Umwegen, Ausfällen und Verspätungen sind wir in Herford angekommen. Lukas ist hier zum Kulturfestival *Wege durchs Land* eingeladen, die Lesung findet in einem Jeanslager statt. 300 Leute sitzen zwischen Hosen und Kartons und schauen in Richtung Bühne, auf der er sitzt. Ich kann noch immer keine Gedanken in Gesichtern lesen. Aber ich entdecke niemanden, der sich leise mit dem Nachbarn unterhält, alle blicken nach vorn, wirken gebannt. Einmal macht Lukas einen Witz über den »literarischen Kniff«, einem Protagonisten lange Haare wachsen zu lassen, um vergangene Zeit zu verdeutlichen, und alle lachen, sehr schnell, sodass man in dem Moment merkt, wie wenig es sonst zu lachen gibt bei dem, was Lukas erzählt.

Am Ende liest er ein Kapitel vor, in dem einer der Brüder und seine rechtsextremen Freunde eine Prügelei auf einem Dorffest anfangen. Sie schieben die Gewalt dann Menschen in die Schuhe, die sie für Ausländer halten, woraufhin diese von den umstehenden Leuten attackiert werden. Danach erzählt Lukas, dass er sich bei dieser Szene an einer wahren Geschichte orientiert habe. Rechtsextreme hätten bei einem Volksfest in der Sächsischen Schweiz im Jahr 2016 drei Osteuropäer so brutal verprügelt, dass einer von ihnen später wegen versuchten Mordes verurteilt worden sei. Sie schlugen auf eines der am Boden liegenden Opfer noch mit einem Bierkrug ein, zeigten den Hitlergruß. »Das sind so Sachen, die kriegen Sie hier nicht mit«, sagt Lukas zum Publikum. Selbst er tue das oft nicht. Er habe diese Geschichte zufällig in der Randspalte der *Sächsischen Zeitung* entdeckt. »Das eigentlich Frustrierende an der ganzen Sache ist, dass ich es mir immer noch nicht erklären kann, obwohl ich jetzt auch dieses Buch geschrieben habe«, sagt er. »Es beschäftigt mich nach wie vor und macht mich nach wie vor fassungslos, was mitunter bei mir zu Hause passiert.« Da klingt es durch, dass Verstehenwollen vielleicht doch nicht reicht.

Lukas wünscht dem Publikum am Ende, dass der Abend für sie hoffentlich erbaulicher werde. Der Applaus ist lang.

Letztlich bewegt man sich, wenn man über den Osten spricht, ständig in einem riesigen Spannungsfeld. Auch ich. Ich will verstehen. Aber nichts entschuldigen. Will Verständnis erzeugen. Aber niemanden aus seiner Verantwortung entlassen. Will nicht pauschalisieren, aber auch meine Augen nicht vor Tatsachen verschließen. Will über Vergangenheit reden, aber nicht rückwärtsgewandt sein. Will über die guten Seiten reden. Aber dann auch nicht ablenken.

Ehrlich gesagt beeindruckt mich ziemlich, dass Lukas sagt, er sei auch aus Verantwortung nach Görlitz zurückgegangen. Das ist genau diese Verantwortung für eine Region, die ich mit dem nicht ausschließenden Lokalpatriotismus meine.

Es beeindruckt mich, weil es mich gleichzeitig ein wenig beschämt, da ich so viel über den Osten rede, schreibe, ihn verteidige – und doch meinen Hauptwohnsitz in Berlin habe. Neben dem soziokulturellen Zentrum, das Lukas in Görlitz aufbaut, wirkt jegliche Groupieness vor westdeutschen Freunden natürlich komplett albern.

Ich finde es völlig okay, dass Lukas nicht das Bedürfnis hat, den Osten nach außen verteidigen zu wollen, und auch, dass er sagt, er habe die Stadt lieber für sich und seine Freunde. Aber ich halte es trotzdem für wichtig, das Bild des Ostens im Diskursraum geradezurücken. Nicht nur für die Westdeutschen, sondern auch für die Ostdeutschen. Da geht es einmal darum, etwas gegen die seit Jahren vorherrschenden Vorurteile und Bilder zu tun. Aber es geht auch um wirtschaftliche Faktoren. Denn mehr Zuzug, mehr Tourismus kurbeln die Wirtschaft an. Und davon profitieren viele in den ostdeutschen Städten. Viele

Leute können mit einer sanierten Fassade dann eben doch mehr anfangen als mit einer kulturell genutzten Brache.

* * *

Am nächsten Tag führt Lukas mich durch Görlitz. Schnell weiß ich, wovon er gesprochen hat. Görlitz wurde während des Zweiten Weltkrieges nicht zerstört, jetzt sehe ich, was das heißt. Die Innenstadt steht voller Gebäude aus der Renaissance und der Gotik. Die Altstadt ist wirklich noch alt. Überall sieht man Gründerzeitbauten, bewohnt und unbewohnt, dazwischen fährt eine Straßenbahn. Ich könnte mir noch viele Adjektive ausdenken, die die Stadt beschreiben, aber sie verdient tatsächlich auch die ganze Direktheit und Schlichtheit des Originals: schön. Okay: absurd schön. Wegen der Schönheit trägt die Stadt auch den Spitznamen »Görliwood«. Hier wurden schon Filme wie *Der Vorleser*, *Inglourious Basterds* oder *Grand Budapest Hotel* gedreht.

Gleichzeitig gibt es überall dort, wo Lukas mich hinführt, alternative Ecken. An diesem Wochenende findet ein Kulturfestival statt, das Freunde von ihm organisiert haben, in einem alten, leer stehenden Fabrikgebäude an der Neiße – direkt gegenüber von einem noch größeren leer stehenden Fabrikgebäude an der Neiße. Wir schauen uns die Kunstausstellung an. Es gibt Fotos, Bilder, Skulpturen. Auf ein paar kleinen Tischen stehen aus Kork nachgebildete Häuser, die Treffpunkte und Konsumorte sind: ein Aldi, eine Tankstelle – ein McDonald's. Lukas' Lieblingsstück in der Ausstellung ist ein Foto von einem jungen Mann oben ohne, der diesen Deutschland-Fischerhut trägt.

Eine kleine Treppe führt auf ein Vordach, auf dem man zwischen Grün und Lichterketten die Straße überblicken kann. Auf einem Holzbrett ist eine Sonne eingraviert.

Draußen an der Neiße geht die Ausstellung weiter. Mit einer kritischen Bastelstation für Groß und Klein: Man kann hier eigene Protestplakate entwerfen und aufhängen. Oder sich mit einem Stempel ganz oft »frei entfalten« auf ein Papier drucken. Ein Elternpaar probiert es mit seiner Tochter aus. Dahinter sieht man junge Leute am Ufer der Neiße sitzen und rüber nach Polen, auf die Stadt Zgorlezec, schauen.

Während wir durch die Stadt spazieren, vorbei an der alten Schönheit und den aktuellen Freiräumen, bin ich wieder irgendwie euphorisiert. Einerseits wegen Görlitz, das so unverstellt wirkt, so offen, so grenzenlos. Aber auch wegen des vielen Redens mit Lukas über den Osten. Seit einem Tag sind wir unermüdlich dabei, den Osten zu ergründen, ihn abzutasten, ihm näherzukommen. Das hat sich problemlos angefühlt, so selbstverständlich. Aber wir haben kaum über die Europawahl gesprochen. Ich habe sie verdrängt.

Die ersten Hochrechnungen kommen gleich um 18 Uhr. Die AfD steht bundesweit bei etwa zehn Prozent, das war zu erwarten. Ich wende mich kurz darauf wieder Lukas und seinem Görlitz zu. Aber nach und nach sickert durch, dass die Ergebnisse im Osten ganz andere sind.

Wir stehen in einer Runde mit Freunden von Lukas, als jemand sagt, dass die AfD wohl in Brandenburg und in Sachsen stärkste Kraft wird.

Stärkste Kraft.

Stärkste Kraft?!

Es war in den Medien als mögliches Szenario besprochen worden, aber nun ist es wirklich passiert. Irgendwann wird klar, dass die AfD auch bei der Oberbürgermeisterwahl in Görlitz die meisten Stimmen erhält. Der AfD-Kandidat wird zwar nicht Stadtoberhaupt werden, da im zweiten Wahlgang einige Wochen später der CDU-Kandidat – durch Unterstützung eines parteiübergreifenden Bündnisses – gewinnen wird. Aber an diesem Abend feiern die Anhänger der AfD das Ergebnis in einem Restaurant im Stadtzentrum, nur ein paar Hundert Meter entfernt von dem Fabrikgebäude, vor dem wir stehen. Die Tore der Fabrik sind offen. Auf dem Bordstein um uns herum sitzen junge Menschen, mit Bier oder Rhabarberschorle in der Hand. Drinnen 20 Leute an Tischen. Über ihnen hängt eine Discokugel. Auf der Bühne zwei Singer-Songwriterinnen mit warmen Stimmen. Die Sonne scheint. Es liegt Gutes in der Luft. Der Text des Liedes: »I sing because I'm happy, I sing because I'm free.« Ich singe, weil ich fröhlich bin. Ich singe, weil ich frei bin.

Hier ist die AfD stärkste Kraft geworden?

Wir stehen in der Runde, schauen uns manchmal an, meistens aber die Handys. Zwischendurch hört man immer mal wieder jemanden »fuck« sagen. Einer der Freunde von Lukas sagt trotzig, dass er so oder so in Görlitz bleiben wird, natürlich. Nach einer Weile gerät sein Entschluss ins Wanken: Wenn seine Freiräume zu stark beschnitten würden, sagt er, dann würde er gehen.

Später am Abend sind wir in einem Café, in dem viele zusammengekommen sind, die vom Wahlausgang enttäuscht sind. Auch hier schauen alle auf ihre Handys, jeder wirkt bedrückt. Von hinten kämpft Gute-Laune-Musik gegen die Stimmung an und schafft es nicht. Am Ende stehen Lukas und ich noch einmal nebeneinander. Sagen nichts. Ich frage ihn irgendwann, was er denkt. Er schüttelt den Kopf, sagt: »Ich habe einfach keinen Bock mehr. Wir reden, wir erklären, verstehen, analysieren. Ich denke, was mache ich denn hier?!«

Ja, was mache ich hier?

18 Kater

Am nächsten Tag laufe ich wieder durch Görlitz, dieses Mal allein. Die Stadt ist so schön wie gestern. Die Altstadt, der Freiraum. Viele Touri-Gruppen sind unterwegs. An einer Wand steht in pinker Graffiti-Farbe »Görlitz«, daneben ein Herz. Kopfsteinpflaster, architektonisches Mischmasch, Neiße, Wasserfall, Kirche. Die Altstadtbrücke, die direkt nach Zgorzelec führt, nach Polen. Ein Café, das *Bürgerstübl* heißt.

Bei der Wahl des Oberbürgermeisters erhielt der AfD-Kandidat 36,4 Prozent der Stimmen, der CDU-Kandidat 30,3 Prozent, die Grünen-Kandidatin 27,9 Prozent – was für die Grünen in Sachsen ein ungewöhnlich gutes Ergebnis ist und auch möglich wurde, weil die Kandidatin ein breites bürgerliches Bündnis hinter sich versammelt hat.

Es ist nun ein bisschen, als könnte man die Stadt dritteln, zwischen drei Lagern, die für ganz andere Dinge stehen.

In Görlitz läuft, hinter dieser Schönheit der Stadt, nicht alles gut. Einige Wohnungen – siehe Lukas Rietzschel – sind noch immer nicht ans Internet angeschlossen. Zwar konnten Werkschließungen von zwei der größten Arbeitgeber – Siemens und Bombardier – verhindert werden, und Siemens möchte am Standort Görlitz sogar ein spezielles Kompetenzzentrum einrichten. Aber allein die Androhung versetzte viele Menschen in einen Schock und löste, wieder, Unsicherheit aus. Genau wie der angekündigte Kohleausstieg, der die Stadt in der Oberlausitz ebenfalls betreffen wird. Die Arbeitslosenquote liegt mit 7,2 Prozent bereits über dem Bundesdurchschnitt. Viele in Görlitz haben Angst, dass es wieder mehr wird. Hinzu kommt, dass eben nicht jeder in Baracken Freiraum sieht. Sondern: verfallene Häuser. Die Stadt war mal für 70 000 Menschen angelegt, heute leben hier 57 000 Menschen.

In Görlitz kann man deswegen wie unter einem Brennglas beobachten, was im Osten passiert: Da ist ein Teil der Bevölkerung, der will, dass alles bleibt, wie es ist. Aber dann ist da der wesentlich größere Teil, der Veränderung will. Aber eben in ganz verschiedene Richtungen.

Ich bin noch immer keine Freundin des Worts Spaltung. Aber wenn man es benutzen will, dann trifft es eigentlich weniger auf Ost und West zu – als für den Osten in sich.

Ich bewege mich auf meiner Reise zum größten Teil zwischen denen, die einen progressiven, weltoffenen Osten wollen – weil das der Osten ist, den auch ich will. Aber es gibt ganz viele junge Leute, viele Nachwendekinder, im Osten, die ganz anders ticken.

Das konnte man auch an der Europawahl sehen. Bei den Unter-30-Jährigen haben die Grünen gewonnen, in Westdeutschland mit weitem Abstand vor den anderen, mit 32 Prozent.

Und im Osten? Da kamen die Grünen auf 18 Prozent, die AfD auf 17 Prozent. In dieser Gegenüberstellung geht es nicht nur um parteipolitische Fragen. Man sieht daran vor allem erst mal, dass die Nachwendekinder im Osten andere Dinge wollen. Sie ziehen ihre Heimat in ganz verschiedene Richtungen. Was bedeutet das für den Osten?

Ich fühle mich an diesem Tag in Görlitz ein wenig, als hätte ich einen Ost-Kater. Als wären die vergangenen zwei Tage mit Lukas Rietzschel wie ein Rausch gewesen, auch durch das kreative Görlitz. Aber dieser Teil von Görlitz bildet eben nur einen Teil der Stadt, des Ostens, einen Teil der Nachwendekinder ab.

Es fühlt sich nicht richtig an, nach Berlin zu fahren. Es fühlt sich nicht richtig an, gerade als eine, die in Berlin lebt, so eine Ost-Reise anzutreten. Es fühlt sich nicht richtig an, nach den anderen Seiten des Ostens zu suchen, über sie zu schreiben, auf sie zu bestehen; von Ostbewusstsein zu reden und erst recht nicht von ostdeutschem Lokalpatriotismus – wenn hier eine Partei so stark wird, die pauschal ganze Menschengruppen abwertet.

Als ich am Gleis ankomme, sehe ich drei DB-Mitarbeiter. Einer ist der Schaffner, einer der Fahrkartenkontrolleur, sie rauchen außerhalb des gelben Vierecks. »Wenn Sie das machen, kann ich das ja auch machen«, sage ich. Schweigen, das als Zustimmung gewertet werden kann. Aber ich bekomme die Packung der Stange Zigaretten, die ich in Zgorlezec auf der anderen Flussseite gekauft habe, nicht auf, der Zug soll gleich abfahren, also steige ich doch schon ein.

Nur eine andere Frau sitzt noch im Zug; es ist ein kleiner Zug, in der Mitte eine Toilette. Ich versuche, die leeren Sitze zu zählen, laufe nach hinten, verzähle mich, noch mal nach hinten, wieder verzählt, ich kriege meinen Kopf nicht zusammen. Dann kommt der Schaffner rein.

»Hättest ruhig noch eine rauchen können. Ich hätte gewartet«, sagt er.

»Ich hab mich nich' getraut«, sage ich.

»Wo willste hin?«

»Berlin, und ich hab nur fünf Minuten Umstiegszeit in Cottbus.«

»Ich geb mir Mühe.«

Wir schaffen es locker. Es sind alles Bedarfshalte, aber es gibt keinen Bedarf. Der Zug bleibt nur einmal stehen, als die Strecke eingleisig wird und wir auf den entgegenkommenden Zug warten müssen. »Jetzt könn' Se rauchen«, sagt der Schaffner. Er kommt mit, der Fahrkartenkontrolleur auch, die andere Frau bleibt sitzen. Zu dritt stehen wir draußen, es ist stockduster. Der Schaffner fragt, was ich denn da auf dem Laptop eben geschrieben hätte, ich erzähle von der Reise, ohne etwas von den Zweifeln zu sagen. »Da müss'n Se auf jeden Fall zum Stadtfest wiederkommen!«, sagt er, begeistert. Er ist mir gleich sympathisch. Wir unterhalten uns noch, bis der Zug wieder losfahren kann, verabschieden uns später winkend. Die ganze Zeit frage ich mich, wen er gewählt hat.

19 Ignorierte Probleme. Oder: Wer ist hier der Osten?!

Meine älteste Freundin und ich kennen uns seit der Grundschule. Am Anfang mochten wir uns überhaupt nicht, dann waren wir unzertrennlich. Wir haben jeden Nachmittag zusammen verbracht, jedes Wochenende, und in den Sommerferien sind wir zusammen auf einen Reiterhof gefahren. In der dritten Klasse ist sie weggezogen, nach Stuttgart. Wir haben nie aufgehört, wir zu sein. Und doch kann man sich vorstellen, wie das für uns war. Mir wurde damals gesagt, es sei, weil ihr Vater keinen Job in Magdeburg gefunden habe. Es ist noch nicht lange her, zwei Jahre vielleicht, dass wir das erste Mal darüber sprechen, dass das nicht stimmt. Erst da sagt sie mir, dass ihre Familie gegangen ist wegen des Rassismus, den ihr Vater in Magdeburg erfahren hat, weil er Kubaner ist. Erst da sprechen wir über den Rassismus, den auch sie im Osten erlebt hat.

Sie erzählt, dass sie immer die Exotin war in Magdeburg. Dass sie in Mecklenburg-Vorpommern, wo die Familie ihrer Mutter herkommt, als Kind nicht allein raus zum Spielen durfte. Und dass sie ihre Mutter einmal bat, in Magdeburg nicht mehr Straßenbahn fahren zu müssen, wenn sie mich oder ihre Oma besuchen wollte, weil sie die Blicke nicht ertragen konnte. Als sie in Stuttgart in eine

Schulklasse kam, in der auch die Eltern anderer Kinder nicht in Deutschland geboren worden waren, fühlte sie sich das erste Mal in ihrem Leben nicht wie eine Außenseiterin.

Als sie das sagt, ist es, als ob irgendetwas in mir gefrieren würde. Ich frage, warum sie mir das nicht erzählt hat. Sie sagt: »Aber Valerie, du weißt das doch.« Sie erinnert mich an die Nachbarschule, jene älteren Schüler, die sie rassistisch beleidigten. Daran, wie ich sie zur Lehrerin schleifte, damit sie das meldete. Daran, wie ich mich aufregte und sie sagte, so sei das Leben, weil sie es zu gut kannte. Sie erinnert mich daran, wie wir später, wir waren 14 oder 15 Jahre alt, mit dem Bus zu mir fuhren. Es stiegen drei Schränke ein, so sagt sie das, mit sehr kurzen Haaren. Sie setzten sich im leeren Bus auf die Sitze direkt vor uns. Da erinnere ich mich: Ich hatte die Nagelschere in meiner Tasche gegriffen und ihre Hand genommen.

Es ist einfach Wahnsinn, was Menschen verdrängen können. Selbst wenn es Menschen betrifft, die sie lieben.

* * *

Es sind 32 Grad, als ich, einige Wochen nach der Europawahl, zwischen Liegestühlen und liegenden Menschen stehe, in einer Strandbar in Jena. Es ist so heiß, dass das Atmen schwerfällt, doch das Ambiente macht es etwas erträglicher. Die Bar liegt mitten im Park, direkt an der Saale. Kinder spielen im Fluss, neben ihnen schwimmt ein Tretboot, das wie ein Schwan aussieht, auf der anderen Flussseite hängen die Kronen der Bäume im Wasser. Kein bisschen Stadt ist am Horizont zu sehen. Konrad hat die

Bar vorgeschlagen, als ich ihn nach seinem Lieblingsort fragte.

Ich entdecke ihn im Schatten hinter dem Tresen, wo er sich vor der Sonne versteckt.

Konrad Erben ist in Jena geboren, im Jahr 1989. Sein Vater stammt aus dem Senegal. Als wir das erste Mal miteinander telefonierten, fragte ich Konrad, warum er in Jena lebe – ob er für den Osten streiten wolle? Konrad sagte, nein, es habe sich nur nie anders ergeben. Und: »Dem Osten schulde ich gar nichts.«

Wir setzen uns in zwei geblümte Sessel, die in so einer Art retro eingerichtetem Outdoor-Wohnzimmer stehen. Konrad lächelt mir aufmerksam entgegen, es wirkt anfangs irgendwie vorsichtig. Auf seinem Hals und seinen Armen hat er überall Schriftzüge tätowiert, in verschiedenen Sprachen. Ich traue mich erst später zu fragen, was sie bedeuten.

Konrad hat nie woanders gelebt als in Jena. Er ist hier zur Schule gegangen, hat hier seine Ausbildung gemacht, sein Abitur nachgeholt, studiert hier heute soziale Arbeit und hat sich hier zwölf Jahre lang partei- und kommunalpolitisch engagiert. Weil er will, sagt er, dass junge Leute eine politische Haltung entwickeln, die auf Menschenrechten basiert. Das sei gerade im Osten nötig.

Das, was Konrad gerade am meisten mit dem Osten verbindet, sagt er, sind Ausgrenzung und Gewalt. Seit der Europawahl noch einmal mehr. »Die AfD ist gruppenbezogen menschenfeindlich und offen rassistisch«, sagt er. »Entweder die Leute wissen das und sehen darüber hinweg oder weigern sich, sich zu informieren – auf Kosten anderer. Nichts davon ist akzeptabel.«

Es stört ihn aber auch die Reaktion der Ostdeutschen, die nicht AfD wählen: »Ich habe das Gefühl, alle sind mehr empört darüber, zu Unrecht in eine rechte Ecke gestellt zu werden, als darüber, dass eine rechtsradikale Partei tatsächlich von so vielen gewählt wird.« Es könne ja sein, dass Ostdeutsche Vorurteile erlebten. Und ja, sie seien in einigen wirtschaftlichen Fragen benachteiligt. »Aber all diese Diskriminierungen sind kein Vergleich zu Rassismus. Rassismus ist es, das für Empörung sorgen sollte.«

Gemeinsam mit seiner Mutter, die aus Thüringen kommt, seiner Halbschwester und seinem Stiefvater ist Konrad in Winzerla, später in Lobeda aufgewachsen, zwei Plattenbauvierteln am Stadtrand von Jena. In Winzerla gab es einen Jugendclub, in dem unter dem Label »akzeptierende Jugendarbeit« Neonazis in den 1990er-Jahren quasi so ziemlich machen konnten, was sie wollten. In dieser Umgebung haben sich jene rechtsextremen Terroristen kennengelernt, die später den NSU gegründet und zehn Menschen ermordet haben. Winzerla und Lobeda galten damals als Hochburgen der Neonazis, Winzerla sogar als sogenannte nationalbefreite Zone – so nennen Neonazis Gebiete, aus denen sie alle vertrieben zu haben meinen, die für sie nicht da reinpassen. Da lebte Konrad.

»Ich war das eine Schwarze Kind im Stadtteil, das alle kannten«, sagt er. »Es war klar, dass ich aufpassen muss. Es war klar, dass ich nicht auf alle Spielplätze gehen kann. Ich weiß noch, wie meine Mutter mich irgendwann am Arm gegriffen hat und wir von einem Spielplatz weggerannt sind, sie mit meiner Schwester auf dem Arm. Einmal bin ich auf dem Nachhauseweg von der Schule von zwei Nazis angehalten, bespuckt und mit Bier überschüttet worden. Sachen wie diese waren in den 1990er-Jahren an der Tagesordnung. Woher das alles kommt, habe ich nicht verstanden. Aber ich wusste, dass mir jederzeit etwas Schlimmes passieren kann.«

Konrad erzählt das alles in einem ruhigen, beinahe analytischen Ton. Immer wenn ich etwas von ihm wissen will, sagt er »spannende Frage« und beantwortet sie geduldig, obwohl er sie sicher nicht zum ersten Mal beantworten muss. Mit der Zeit spricht er auch von selbst mehr. Als ich niese, bietet er mir schneller ein Taschentuch an, als ich »Entschuldigung« sagen kann. Als ich Eiskaffee bestelle und beim ersten Schluck schaudere und schaurige Geräusche von mir gebe – dachte, gute Idee bei Hitze, aber entweder man trinkt Kaffee oder man isst Eis –, lacht Konrad so, dass ich mich auch wieder in der Lage dazu sehe.

Konrad macht heute keine Umwege mehr um Spielplätze in der Stadt. Jena hat sich verändert. Es gibt eine ausgeprägte linke Subkultur, viele Studierende, Jobs, Perspektiven, seit Jahren ziehen mehr Menschen in die Stadt als gehen. Bei der Europawahl erhielt die AfD thüringenweit 22,5 Prozent, in Jena waren es 12,7 Prozent. Hier in der Stadt kamen die Grünen auf 20,4 Prozent, die Linke und die CDU auf je 15,7 Prozent, die FDP auf 6,5 Prozent und Die Partei auf 5,4 Prozent. Konrad nennt Jena seine »Insel der Glückseligen« in Thüringen. Die gewaltvollen Strukturen, wie es sie in den 1990er-Jahren gegeben habe, seien verschwunden. Doch, betont er, der Rassismus sei es nicht.

»Wenn ich abends in Lobeda mit Freunden spazieren

gehe, kann es immer noch passieren, dass jemand hinter mir Affengeräusche macht«, sagt er. »In den Supermärkten kenne ich alle Ladendetektive, weil sie immer mir hinterhergehen, weil ich Schwarz bin. Und an der Supermarktkasse werde ich fast jedes Mal gebeten, noch einmal meine Tasche anzuheben. Sie kontrollieren, ob ich nicht heimlich etwas geklaut habe.«

Er erzählt von der Begegnung mit einer Frau, als er einmal in Brüssel war. Sie habe ihn nach dem Weg gefragt – auf Französisch, weil sie ihn für einen Belgier gehalten habe. »Sie hat mich selbstverständlich als ein Teil der Bevölkerung wahrgenommen«, sagt er. »Das passiert mir in Ostdeutschland so nicht.«

Der *Thüringen-Monitor* fragt seit dem Jahr 2000 politische Einstellungen der Bürgerinnen im Land ab. Seit dem Beginn der Erhebung liegt der Anteil der befragten Thüringer, die Deutschland für »in einem gefährlichen Maß überfremdet« halten, bei mehr als 40 Prozent, oft ist es mehr als die Hälfte. 2019 stimmten der Aussage 56 Prozent der Befragten zu.

»Es sind nicht 56 Prozent der Menschen hier Nationalsozialisten«, sagt Konrad. »Das zu sagen ist faktisch falsch und in der Debatte nicht hilfreich. Aber man kann sagen: 56 Prozent der Leute in Thüringen haben eine absolut problematische und gruppenbezogen menschenfeindliche Einstellung. Bezogen auf eine ganz simple Frage, nämlich: Nehme ich Menschen, die für mich aus einem anderen Land kommen, als eine Gefahr wahr?«

* * *

Viele Menschen mit sichtbarer Migrationsgeschichte sagen deshalb auch heute, dass sie sich niemals vorstellen könnten, nach Ostdeutschland zu ziehen. Nicht, weil es grau ist. Nicht wegen der Platten. Sondern wegen des Rassismus, den sie hier erfahren. Die Situation ist seit 2014 wieder schlimmer geworden. Seit der Zeit also, als meine Ossi-Werdung begann.

Es wird oft behauptet, dass alle nur noch über Rassismus reden würden. Er wird schnell zu einer »Keule« erklärt. Aber wenn ein ganzer Landesteil für so viele Leute zu einer Angst-Zone wird, dann zeigt es wohl, dass wir noch nicht genug darüber sprechen.

»Rassismus basiert auf der Idee, dass bestimmte Menschen einfach aufgrund ihres Aussehens anders seien – und weniger wert als andere«, sagt Konrad. »Das Konstrukt von ›Menschenrassen‹ war nie wissenschaftlich und immer menschenverachtend, hält sich aber hartnäckig. Weiße Menschen haben es sich vor Jahrhunderten ausgedacht, um beispielsweise die Versklavung Schwarzer Menschen zu rechtfertigen. Im Kern bewertet Rassismus tatsächliche oder vermeintliche Unterschiede von Menschen aufgrund ihrer Herkunft, das Individuum verschwindet dahinter.« Der Rassismus von heute habe sich aber gewandelt, er passiere auch unbewusst und müsse nicht immer böse gemeint sein.

Rassismus fängt nicht erst bei körperlicher Gewalt an. Die körperliche Gewalt und aktive Ausgrenzung von Menschen sind nur das böse Ende. So etwas wie der für alle sichtbare Ausbruch der Krankheit, wie einer Grippe. Aber man ist schon früher infiziert, man merkt es nur nicht unbedingt. Es geht los mit ein bisschen Husten und Niesen, die man noch nicht ernst nimmt. Man macht weiter wie vorher, die Krankheit wächst und wächst, bei einigen bricht sie aus.

Rassismus beginnt auch schon bei Witzen und Sprüchen. Bei dem Ladendetektiv hinter Konrad. Bei den Blicken auf meine älteste Freundin in der Straßenbahn in Magdeburg. Er beginnt schon dabei, dass wir annehmen, einer nicht-weißen Person aufgrund ihres Aussehens eine bestimmte Herkunft, Verhaltensweise, Charaktereigenschaft unterstellen zu können. Dass wir glauben, dass sie deswegen *anders* sei. Und diese *Andersartigkeit* abwerten.

(Auch weiße Menschen können diskriminiert werden. Aber nicht rassistisch. Aus der Historie heraus und wegen der aktuellen politischen Strukturen, die weiße Menschen bevorzugen, funktioniert Rassismus per Definition nicht in die umgekehrte Richtung.)

Rassismus ist ein Problem in ganz Deutschland, auf der ganzen Welt. Eigentlich alle weißen Menschen handeln mal so – auch ich. Doch im Osten wird eben zu einem wesentlich höheren Anteil diese Partei gewählt, die ganzen Menschengruppen bestimmte, abwertende, Eigenschaften zuschreibt – und das völlig unverhohlen. Die damit also offen rassistisch ist. Warum?

Es gibt für die hohen AfD-Wahlergebnisse im Osten die psychologischen Erklärungen (wie Wut), die wirtschaftlichen (Löhne), politischen (Infrastruktur), sozialen (Unsicherheit) und historischen (kritisches Bewusstsein bei Gefühl der Bevormundung).

Aber ich glaube, dass die AfD im Osten anteilig mehr gewählt wird, kann vor allem durch etwas anderes passieren. Dadurch, dass im Osten vielerorts überhaupt kein

Verständnis dafür zu herrschen scheint, was das eigentlich bedeutet – eine Partei zu wählen, die rassistisch und in Teilen rechtsradikal ist. Es gibt zu wenig Problembewusstsein dafür, was Rassismus bedeutet, wo er beginnt – und dass er im schlimmsten Fall dazu führt, dass Menschen sterben.

Das liegt einerseits daran, dass noch vergleichsweise wenig Menschen mit Migrationshintergrund in Ostdeutschland leben. Deswegen werden Vorurteile weniger abgebaut, und weiße Ostdeutsche können das Problem gut von sich wegschieben. Andererseits hat das auch historische Gründe.

Schon in Westdeutschland war die Aufarbeitung der NS-Verbrechen unzureichend, in der DDR hingegen hat sie fast überhaupt nicht stattgefunden. Die SED-Regierung schob die Verantwortung für den Holocaust einer kleinen Gruppe Faschisten zu und erklärte die DDR zu einem antifaschistischen Staat mit antifaschistischen Menschen. Und Antifaschisten, so das Denken, konnten ja nicht schuld sein am Faschismus. »Rassismus galt in der DDR ideologisch als überwunden und wurde mit moralischem Verweis auf den Westen als systemisch irrelevant angesehen«, so formulierte es einmal die Schwarze ostdeutsche Kulturwissenschaftlerin Peggy Piesche, die in der DDR geboren und aufgewachsen ist, im *Neuen Deutschland*. Das Gleiche gilt für Nationalismus und Antisemitismus. Deswegen gab es eigentlich keine Debatten, keine öffentliche Reflexion. Keine Fragen – wie es zum Nationalsozialismus kommen konnte; wie er seinen Anfang nahm; welche Verantwortung Deutschland trägt. So hat sich diesbezüglich bei vielen Leuten überhaupt kein kritisches Bewusstsein entwickeln können. Im Gegenteil.

Einstellungen wie Rassismus sind nach dem Zweiten Weltkrieg natürlich nicht einfach aus dem Denken der Leute verschwunden. Doch weil sie einfach totgeschwiegen wurden, konnten sie in den Hinterköpfen weiter gedeihen. Hinzu kommt, dass der Rassismus vom DDR-Regime institutionalisiert wurde. Die eigentlich einzigen Menschen mit sichtbarer Migrationsgeschichte in der DDR waren die sogenannten Vertragsarbeiterinnen aus den sozialistischen Bruderstaaten wie Vietnam, Senegal, Mosambik – und die wurden seitens des Staates regelrecht separiert, Integration war nicht erwünscht. Sie wurden in eigenen Unterkünften untergebracht, Kontakt zu DDR-Bürgern sollte es nicht geben. Peggy Piesche spricht von einer »gesellschaftlichen Unsichtbarkeit von Menschen jenseits einer heterosexuellen weißen Norm«.

All die menschenfeindlichen Einstellungen waren also nie weg. Und dann, Ende der 1980er, hatten immer mehr Menschen genug von der DDR und den Verhältnissen. Und was wird man, wenn man so richtig Rebell sein will im Antifaschismus? Genau. Faschist. So gab es schon vor der Wende eine beachtliche Neonaziszene im Osten. Das DDR-Regime selbst ließ die Szene von Wissenschaftlern untersuchen, die zu dem Schluss kamen, dass 1988 etwa 6000 Neonazis in der DDR lebten, etwa 1000 dauerhaft gewaltbereit, und monatlich bis zu 500 Taten aus diesem Milieu registrierten. Diese Ergebnisse wurden von der Staatsmacht unter Verschluss gehalten, die beteiligten Wissenschaftler überwacht, wieder gab es keine öffentliche Auseinandersetzung.

Und dann fiel die Mauer. Der Justizapparat musste neu aufgebaut werden, die Polizei war überfordert, der Staat konnte sein Gewaltmonopol anfangs überhaupt nicht ausüben. Es gab ein Machtvakuum im Osten, in dem sich all das unterdrückte nationalistische Denken, das schon im autoritären Staat vorhanden war, frei entfalten konnte. Unterstützt durch die um sich greifende Arbeitslosigkeit, durch Unsicherheit und den Umstand, dass nun auch Menschen mit sichtbarer Migrationsgeschichte im Stadtbild präsent waren.

Rechtsextreme Strukturen breiteten sich aus und etablierten sich – wie in Jena-Winzerla, wo Konrad aufgewachsen ist. Aber nicht nur dort. Während der ersten zehn Jahre im wiedervereinigten Land mussten im Osten alternativ oder migrantisch aussehende Menschen ständig damit rechnen, angegriffen zu werden. Der in Frankfurt/Oder geborene *ZEIT*-Journalist Christian Bangel nennt das, was da geschah, »rechten Alltagsterror«. Neben dem Alltagsterror haben Neonazis es geschafft, viele hässliche Symbole zu schaffen.

Auch im Westen wurden in dieser Zeit eine Reihe rechtsextremer Anschläge verübt, wie in Mölln und Solingen. In Ostdeutschland passierten die massivsten Ausschreitungen in Rostock-Lichtenhagen 1992. Sie dauerten mehrere Tage, am Ende brannte das Sonnenblumenhaus, in dem sich noch mehr als 100 vietnamesische Gastarbeiterinnen aufhielten. Die Menschen oben schrien, unten applaudierten Tausende Schaulustige. Die Polizei schritt nicht ein.

Auch ein Vorfall in meiner Heimatstadt Magdeburg gehört in die Liste. 1994 fanden dort die sogenannten Himmelfahrtskrawalle statt. Dutzende Rechtsextreme jagten eine Gruppe Schwarzer Menschen durch das Zentrum. Es gibt Videomaterial davon, öffentlich verfügbar. Darauf sieht man, wie die Täter rennen, verprügeln, brüllen und den Hitlergruß zeigen. Die Polizei wurde dafür kritisiert, zu zurückhaltend und zu spät eingeschritten zu sein. Die wenigen, die festgenommen wurden, wurden nach einem Tag wieder freigelassen. Laut Staatsanwaltschaft habe man ihnen nichts Konkretes nachweisen können. (Das Videomaterial kannte sie wohl nicht.)

Der Magdeburger Polizeipräsident bestritt, dass die Jagenden alle rechtsradikal gewesen seien. Da seien auch »sehr viele Mitläufer« dabei gewesen. (Er muss dann wohl Leute meinen, die sich spontan bei ihrem Feiertagsspaziergang dachten: Ach, da renne ich mal hinterher, aber eigentlich habe ich ja nichts gegen Ausländer.)

Man könnte jetzt sagen, Anfang der 1990er-Jahre, das ist doch alles lange her. Aber vieles davon hat Auswirkungen bis heute. Die rechtsextremen Strukturen sind noch da; das Gefühl, den Staat besiegt zu haben, in Erinnerung; und die Neonazis von damals sind die Familienväter von heute. Jahrzehntelang wurde das Problem des Rechtsextremismus seitens der Politik nicht ernst genug genommen, in Ost wie West. Aber im Osten fehlt offenbar oft noch einmal mehr das kritische Bewusstsein für Rechtsextremismus, es fehlt die gesellschaftliche Auseinandersetzung, und es fehlt das öffentliche Erinnern.

Auch ich habe von diesen Himmelfahrtskrawallen vielleicht vor zwei, drei Jahren das erste Mal gehört. Zufällig. Außerhalb von Magdeburg.

* * *

Hinter Konrad hat das Schwanen-Boot abgelegt. Daneben spielen noch immer die Kinder in der Saale, dahinter schwimmen noch immer die Blätter im Fluss, darauf spiegelt sich noch immer die Sonne.

Ich frage Konrad nach seinen Tattoos. Er zeigt sie mir nacheinander und erzählt ihre Geschichte, jedes hat eine Bedeutung.

Auf der Außenseite seines rechten Unterarms steht zum Beispiel das Wort »Atlas«. Atlas, erzählt Konrad, sei eine Figur in der griechischen Mythologie. Er trage das Himmelsgewölbe auf seinen Schultern, um Mutter Erde zu schützen. Auf Konrads rechtem Handgelenk steht in griechischen Buchstaben »Bruder«, das hat er sich gemeinsam mit seiner Schwester machen lassen. Auf der Innenseite seines linken Unterarms steht: »In War, Victory. In Peace, Vigilance. In Death, Sacrifice« – es geht um ein Videospiel, in dem die Bedrohung aufgehalten werden kann, wenn dafür einige bereit sind, ihr Leben zu lassen. Auf der linken Seite seines Halses steht: »Vergiss niemals die Revolution«, auf Arabisch. Auf der rechten Seite seines Halses: »Das israelische Volk lebt«, auf Hebräisch.

Konrads Körper ist ein Kunstwerk. All diese Tattoos hat er sich erst in den vergangenen eineinhalb Jahren stechen lassen. Als ob er selbst bestimmen will, welche Botschaften er sendet.

Er hat noch mehr Tattoos geplant. Das nächste soll auf seiner Wade sein. Ein Plattenbau.

Ein Plattenbau? »Warum gerade das?«, frage ich.

»Plattenbauten stehen für die sozialistische Utopie, dass alle gleich sind. Ich mag die Ästhetik der Gebäude, diese brutale Effizienz. Wenn ich am Horizont Lobeda sehe mit seinen Plattenbauten, gerade nachts, dann ist das wahnsinnig schön. Das ist für mich Heimat.«

Klingt exakt nach meinen Gedanken am Tollensesee in Neubrandenburg.

»Und ja«, spricht Konrad weiter, »die Platte ist Teil meiner Identität. Ich habe lange in einer gelebt. Deswegen will ich sie mir auf die Wade tätowieren lassen. Als Symbol dafür, dass ich darauf stehe.«

»Und Lobeda ist für dich Heimat?«, frage ich.

»Ich weiß, der Heimatbegriff ist doof.«

»Ich finde ihn nicht doof.«

»Ja, das ist etwas perfide. Trotz Diskriminierung, Rassismus, Gewalt und all diesen Dingen hängt man doch emotional oft sehr an den Orten, die man als Kind erlebt hat.«

»Fühlst du dich denn ostdeutsch?«

»Nein. Mich ärgert zwar, wenn zugezogene Erstsemester über Plattenbauten lästern oder sich über das Jägerschnitzel lustig machen. Das sind beides wunderbare Sachen!«

Heftiges Nicken meinerseits.

»Aber«, spricht er weiter, »als Schwarzer Ostdeutscher greifen vorher so viele andere Diskriminierungsmechanismen, dass ich nicht dazu komme, mich darüber aufzuregen.«

Konrad setzt sich erst seit einigen Jahren mit seiner Schwarzen Identität auseinander. Lange habe er damit zu kämpfen gehabt, sagt er. Je mehr er sich mit der Schwarzen Geschichte und Perspektive beschäftige, desto froher sei er um diesen Teil seiner Identität, sogar stolz. »Diese Identität ist mir von außen klargemacht worden, aber wie ich heute damit umgehe, ist meine Entscheidung.«

Ende 2018 hat er in Thüringen den Landesverband des Vereins Initiative Schwarzer Menschen in Deutschland, abgekürzt ISD, mitgegründet. Sie treffen sich regelmäßig, um sich auszutauschen und gegenseitig zu stärken.

Da fällt mir ein Gedanke ein, den ich schon vor einer Weile hatte. Ich frage Konrad, ob Leute, die von herrschenden Strukturen benachteiligt sind, sich eigentlich zusammenschließen könnten, um diese herrschenden Strukturen aufzubrechen. »Können wir Banden bilden?«, will ich wissen.

»Das ist eine spannende Frage«, fängt Konrad an. »Ich wäre da aber vorsichtig, weil verschiedene Gruppen zwar diskriminiert werden können, aber doch in einer anderen Qualität, woraus sich unterschiedliche Anliegen ergeben.« Bei einem Zusammenschluss von Gruppen gebe es oft eine, die mit ihren Interessen dominiere. »Ein interessantes Beispiel dafür ist der aktuelle Pop-Feminismus. Der ist sehr weiß und wohlstandsgeprägt. Wenn sich jetzt viele für eine Quote von Frauen in Führungsgremien einsetzen, ist das zwar eine gute Sache, aber hilft noch nicht den ausgebeuteten, zumeist weiblichen und vielfach migrantischen Pflegekräften. Deswegen müssen Gruppen, die von Diskriminierung betroffen sind, zuallererst mal ihren eigenen Kampf kämpfen.« Und so könnten auch nicht einfach alle weißen Ostdeutschen und alle anderen irgendwie Diskriminierten eine Bande bilden.

Aber etwas anderes wäre möglich, findet er. Eine Sensibilisierung für die Benachteiligungen anderer Gruppen: »Und ein bisschen gegenseitige Solidarität.«

* * *

Das Treffen von Konrad und mir ist schon eine Weile her, als er mir noch einmal begegnet. Da startet online ein Projekt, das sich »Wir sind der Osten« nennt. Dieses hat sich zum Ziel gemacht, junge, progressive Ostdeutsche vorzustellen und damit unter anderem dem Klischeebild des rechtsradikalen Ostdeutschen etwas entgegenzusetzen (auch ich bin bei dem Projekt dabei).

Ich entdecke Konrad auf der Seite des Projekts. Ihn, der sagte, er schulde dem Osten nichts. Als ich ihn noch mal anrufe, um zu fragen, wieso, erzählt er, dass er zuerst gezögert habe. Schließlich entschied er sich, mitzumachen, seine Geschichte zu erzählen, sein Gesicht zu zeigen – und seine Rassismuserfahrungen zu thematisieren: »Denn die sind auch ein Teil des Ostens, sie sollen präsent sein.«

Er gibt auf dieser Seite auch an, dass er sich ostdeutsch fühle, obwohl er das während unseres Treffens noch nicht so empfunden hat.

»Das finde ich spannend«, sage ich zu ihm am Telefon.

»Ich auch«, sagt er. »Aber das zeigt nur, wie komplex der Mensch ist. Wir sind mehr als eine Sache.«

Konrad ist, samt seinen Rassismuserfahrungen, ein ostdeutsches Nachwendekind, das Jägerschnitzel und Platten liebt.

Was ist nun mit der Einheit?

»Nach dem Pegida-Schock, nach den AfD-Jahren, nach dem Gefühlschaos, in das der Osten sich in den vergangenen Jahren gestürzt hat – ist eine neue Zeit angebrochen. (…) Das ist die Gleichzeitigkeit, in der der Osten gerade lebt. Wenn vieles gleichzeitig passiert, heißt das übrigens schon mal eines: dass eben vieles passiert. (…) Man spürt es richtig: die Lust auf Befreiung, auf das Ende der Aggression. Aufbruch. Das heißt nicht, dass die Wut weg wäre. Sie ist da. Sie kann jetzt verhandelt werden.«

Martin Machowecz in der *ZEIT im Osten*, 2017

20 Nichtsdestotrotz

Es gibt immer wieder diese Momente, in denen ich auf *den Osten* schaue und mich frage, was hier eigentlich passiert. In denen ich mich frage, wie es sein kann, dass ein so hoher Anteil an Wählern seine Stimme einer Partei gibt, die dafür steht, anderer Menschen Freiheiten beschränken zu wollen, die offen demokratische Institutionen infrage stellt und andere Politikerinnen verhöhnt. Dieses Gebaren gefährdet Grundrechte, das gefährdet unsere Verfassung und damit unsere liberale Demokratie.

In absoluten Zahlen leben mehr AfD-Wähler in Westdeutschland als im Osten. Das sei nur einmal erwähnt. Denn wer das Problem des Rechtspopulismus allein auf den Osten abwälzt, sorgt im Osten nur für Trotz und im Westen für Ignoranz.

Und doch: Der Anteil der Menschen, die im Osten rechtspopulistisch gewählt haben, ist zu hoch. Und relativ gesehen höher als im Westen.

Ich schreibe *der Menschen* und kann mir dabei ausrechnen, wie viele ich vermutlich selbst kenne. Es sind Menschen, an denen ich auf der Straße vorbeilaufe, bei denen ich meine Brötchen kaufe; Ostdeutsche, von denen ich doch eigentlich sage, dass ich mich solidarisch mit ihnen verbunden fühle. Es sind sicher auch Menschen aus meinem eigenen Familien-, Freundes-, Bekanntenkreis. Es sind nicht *die*, es sind nicht *sie*, es seid auch *ihr.* Menschen, die ich mag, die mir wichtig sind, die mir am Herzen liegen. Das ändert sich auch nicht gleich durch eine Wahlentscheidung. Aber wenn ich versuche, *euch* zusammenzubringen mit dem, wofür die AfD steht, dann fühle ich mich wie eine Waschmaschine, in die die doppelte Ladung reinzuquetschen versucht wird, man stopft und stopft. Es passt nicht. Es läuft nicht. Und dann muss man irgendetwas draußen lassen. *Ihr* dürft wütend sein, unzufrieden, laut. *Ihr* sollt mehr einfordern. *Ihr* müsst mehr gehört werden. Aber ich verstehe nicht, wie *ihr* in Kauf nehmen könnt, dass Kräfte mächtiger werden, die sich für eine ungerechte, eine unsolidarische, eine undemokratische, eine rassistische, eine unfreie Gesellschaft einsetzen. Was ist das denn für eine Welt, in der *ihr* leben wollt?

Eine Freundin erzählte mir vor Kurzem von einem Gespräch mit einem Kollegen. Der sagte, die AfD werde ja nun langsam schwächer. Meine Freundin verneinte. Im Osten sei sie doch noch immer sehr stark, und die Zustimmung nehme nicht ab. Er: »Ach, der Osten.« Es klang wie bei den Hamburger Kommilitoninnen von Paul Glaw: abgeschrieben.

Manchmal, wenn ich resigniert bin, möchte ich ihnen zustimmen. Es sind die Momente, in denen ich genug habe. Auch vom Ostbewusstsein. Davon, mich mit diesem Landesteil, der meine Heimat ist, beschäftigen zu wollen. Es sind die Momente, in denen auch ich ins Verallgemeinern gerate. Gegen *den Osten. Ihr* wählt so? Dann macht das doch, schafft euch eure eigene, kaputte, unfreie Gesellschaft, in der ihr dann leben müsst. Sorgt halt dafür, dass noch mehr Menschen gehen, noch mehr Supermärkte schließen, noch mehr Schulen, Kindergärten, Arztpraxen. Es sind Momente, in denen ich wütend bin. Und irgendwie hoffnungslos.

Aber dann gibt es die anderen Momente.

* * *

Benjamin schleust uns am Bauzaun vorbei, in einen Raum hinter der Bühne, damit wir unsere Sachen dort abstellen können. Am Boden liegen Kissen, davor sind zwei Leinwände aufgestellt, auf die über einen Beamer die abstrakten Bilder in verschiedenen Formen und Farben projiziert werden. Meine zwei Freundinnen und ich stellen unsere Koffer in eine Ecke, ich bedanke mich überschwänglich bei Benjamin. Der winkt ab, kein Problem.

Benjamin Gruner, Jahrgang 1989, kommt aus Glachau, einer sächsischen Kleinstadt, und lebt seit sechs Jahren in Chemnitz. Er hat hier den gemeinnützigen *Spinnerei*-Verein gegründet, mit dem er Ausstellungen, Diskussionen, Festivals für experimentelle Kunst und Musik organisiert.

Und in Chemnitz bin ich nun. Denn hier findet heute das *Kosmos* statt. Ein eintägiges Festival im Stadtzentrum, organisiert von verschiedenen Initiativen von vor Ort. Auch Benjamin ist dabei. Wir haben uns schon einmal vor einer Weile für ein längeres Gespräch in Berlin getroffen, weil klar war, dass er heute keine Zeit haben wird. Wir verabreden uns noch mal für später, und dann verschwindet er auch schon wieder. Weiterarbeiten. Meine Freundinnen und ich gehen raus und mischen uns unter die Leute – auf die Straße zwischen zwei Bühnen, vor dem riesigen Karl-Marx-Kopf, der sogenannte Nischel, der das Symbol der Stadt ist.

Vor nicht einmal einem Jahr fand in Chemnitz ein Stadtfest statt, nach dem Bilder aus der Stadt um die Welt gegangen sind. Am Rande des Stadtfestes kam ein Mann gewaltsam durch einen Messerangriff ums Leben. Da dieser Angriff von Asylbewerbern ausging, wurde der Totschlag von Rechtsextremen instrumentalisiert. Über mehrere Wochen hinweg sind immer wieder Rechtsextreme aus dem ganzen Land in Chemnitz marschiert. Ich war während dieser Tage auch manchmal vor Ort, um zu berichten. Eine Szene hat sich mir besonders eingebrannt. Ein Mann auf der Straße, vor einem gigantischen Wasserwerfer der Polizei, der brüllte. Aus ganzer Seele brüllte. Die nationalsozialistische Parole: »Frei! Sozial! National!« Ein Schrei nach … ja, wonach eigentlich? Die Stimmung war eskalativ. Hasserfüllt.

Mit dem Kosmos-Festival heute wollen Stadt und Organisatorinnen ein Zeichen setzen für eine friedliche Gesellschaft. Es versteht sich als Fortsetzung des *Wir sind mehr*-Konzerts, das als unmittelbare Reaktion auf die Ausschreitungen stattgefunden hatte, und hat das Motto »Wir bleiben mehr«. Einen Tag lang finden in der ganzen Innenstadt Konzerte, Lesungen, Diskussionen statt.

Wir stehen genau dort, wo vor einem Jahr die AfD und andere Rechtsextreme marschierten. Ganz in der Nähe des Ortes, wo ich den Mann brüllen sah.

Und jetzt? Gehen, sitzen, tanzen hier Hunderte Leute. Rechts und links stehen Bühnen. Auf der einen spielt gerade Fatoni, ein Rapper aus München. Davor junge Menschen, die Arme in der Luft, das Lachen im Gesicht und rappen die Texte mit. Auf der Straße stehen Bierwagen, Dixies, einige Sicherheitskräfte. Kleingruppen und Großgruppen. Mit Bier in der Hand oder Ballons. Die meisten mit Sonnenbrille auf der Nase. Die Sonne scheint, der Himmel ist blau.

Es ist ein ganz normaler Tag, so gut, wie ein Tag eben gut ist, wenn das Wetter mitspielt und die Musik nichts kostet. Aber ich denke an den Kater in Görlitz. Und mit dem im Hinterkopf wirkt alles anders. Das hier ist ein Freiraum, der nicht immer da ist, sondern der sich immer wieder aufs Neue erkämpft werden muss.

Es fühlt sich nicht nur an wie ein guter Tag mit akzeptablen Bierpreisen und ohne massives Menschengedränge vor den Bühnen. Es fühlt sich auch an wie ein großer Mittelfinger gegen den Hass. Das klingt jetzt sehr pathetisch. Aber jeder, der Leuten, die es verdient haben, mal den Mittelfinger gezeigt hat, weiß, wie gut das tun kann. Dann fühlt man sich besser und kann sich wieder mit anderem beschäftigen. Dieser Tag fühlt sich nicht an wie Trotz, sondern wie ein Nichtsdestotrotz.

Chemnitz ist ein Symbol für den Hass geworden. Vielleicht kann es aber auch zum Symbol werden für einen Ort, an dem Menschen den Hass nicht siegen lassen.

Benjamin und ich treffen uns wieder unweit der Hauptbühne, auf der gerade Herbert Grönemeyer spielt. Man hört die Menschen von dort jubeln. Neben uns hängt eine Wäscheleine, an der jemand als Dekoration goldene Folie aufgehängt hat, die nun im Wind flattert. Benjamin hat blonde Haare und ein zutrauliches und optimistisches Lächeln, wenn er redet.

Chemnitz sollte für ihn eigentlich eine Durchlaufstation sein, bevor er nach Leipzig oder Berlin gehen würde. Aber dann ist er hängen geblieben. So sagt er das. Sechs Jahre nun schon, wegen der Möglichkeiten und Freiräume. Die Freiräume, da sind sie wieder. Benjamin hat den Spinnerei-Verein, organisiert damit Kulturveranstaltungen, die ihm wichtig sind, so viele er quasi will. »In anderen Städten gibt es schon alles. Hier kann man sich noch ausprobieren, und die Stadt lässt einem den Raum«, sagt er.

Vor einem Jahr hat Benjamin von den rechtsextremen Ausschreitungen erst mal nichts mitbekommen, sagt er, weil er auf einem Kunstfestival war, der *Ibug*, die zeitgleich in Chemnitz stattfand. Als er von den Demonstrationen in der Innenstadt hörte, fuhr er mit Freunden ins Zentrum, um zu schauen, was da los war. Unbedarft, wie er sagt. Sehen, ob es wirklich so schlimm ist. War es. »Es war furchtbar, sehr angsterregend und ekelhaft«, sagt Benjamin. »Die Demonstrationen, die Bilder der Demonstrationen, die um die Welt gingen – es war wie ein Arschtritt. Als ob wir mit all unserer Arbeit für eine weltoffene Stadt um Jahre zurückgeworfen wurden.«

Das ärgerte ihn. Doch geändert hat es für ihn nichts. Er ist noch immer hier. Organisiert in diesem Jahr verschiedene Veranstaltungen auf dem Kosmos-Festival mit. Der Raum, in dem wir unsere Koffer gelassen haben, zeigt eine Kunstinstallation seines Vereins an der Wand. Benjamin plant auch nicht zu gehen, er hat sich diese Frage überhaupt nicht gestellt. »Diese Bilder sind passiert«, sagt er. »Aber sie haben nur einen Teil von Chemnitz gezeigt. Hier gibt es viele aufgeschlossene Leute, die Bock haben, ihre Stadt zu einem besseren Ort zu machen. Wir sind die Mehrheit.« Dann verschwindet er in Richtung eines Clubs, in dem er heute noch auflegt.

Benjamin ist niemand, der es sich zur Aufgabe gemacht hat, das Bild des Ostens geradezurücken. Er tritt öffentlich nicht großartig in Erscheinung, um eine ostdeutsche Stimme zu repräsentieren. Auch fährt er nirgendwo hin, um anderen seine Heimat zu erklären. Ob er sich ostdeutsch fühlt oder nicht, das spielt für ihn keine Rolle. Er ist jemand, der einfach hier lebt und versucht, seine Heimatregion zu gestalten.

Es gibt viele Benjamins. Nachwendekinder, die für den Osten streiten. Solche, die das nicht auf Bühnen oder in Büchern tun und die ihr Ostbewusstsein vermutlich nie so nennen würden. Deswegen sieht man sie vielleicht nicht immer. Aber sie sind da und machen halt.

* * *

Differenzieren ist anstrengend. Aber wenn man *den Osten* abschreibt, dann schreibt man eben auch Benjamin Gruner ab. Marie-Sophie Schiller, Philipp Rubach, Julia Stoephasius und Konrad Erben. Und die vielen Menschen, die sind wie sie. Wer *den Osten* abschreibt, kennt ihn einfach nicht. Der weiß einfach nicht, was hier sonst noch ist, was hier *trotzdem* ist; was hier nichtsdestotrotz ist und gerade deshalb.

Ja, die Beschäftigung mit dem Osten ist anstrengend. Und ja, hier wählen viele, viel zu viele Menschen eine rassistische Partei. Aber: Die Mehrheit tut es eben nicht. Und gerade weil man sich hier positionieren muss; gerade weil der Rechtspopulismus erstarkt; gerade deswegen glaube ich, dass die meisten dieser Mehrheit es ganz bewusst nicht tun. Weil sie eine andere Gesellschaft wollen. Eine freie Gesellschaft.

Viele sagen, 2014 sei der Osten politisch aufgewacht. Das kann man so sehen. Jedoch gilt das dann nicht nur für den Teil des Ostens, der Menschen ausgrenzen will. Sondern das gilt für den ganzen Osten.

Der Osten ist jetzt wach. Das merke ich während meiner Reise immer mehr. Er ist da, und er lebt, und er streitet.

21 Treffen sich ein Ossi und ein Wessi

Den ersten Unterschied bemerken wir schon, bevor wir das Museum überhaupt betreten. Ich frage Eva, ob sie das Lied kennt, das im Hintergrund läuft. Sie überlegt kurz und fängt dann an mitzusingen: »Über sieben Brücken musst du geh… Ah! Von Peter Maffay!« Das ist natürlich mein Moment. Als ich ihr sage, dass das Original von der DDR-Band Karat ist, lachen wir beide. »Na dann, gut, dass wir hier sind«, sagt sie.

Eva Schulz ist Journalistin und arbeitet für *funk*, das Online-Jugendangebot von ARD und ZDF. Ihr Kanal *Deutschland3000* ist ein politisches Magazin für junge Leute. Mit diesem Format und mit ihrem Podcast *'ne gute Stunde mit Eva Schulz* erreicht sie jeden Monat Millionen Menschen, wofür sie bereits mehrfach ausgezeichnet wurde, unter anderem ernannte sie das Wirtschaftsmagazin *Forbes* 2019 zu einer der 30 inspirierendsten Persönlichkeiten unter 30 in Europa.

Als ich vor vielen Monaten überlegte, ob ich auf diese Reise gehen soll, ob nicht langsam alle genug haben vom »Osten«, war Eva eine von denen, die mich dazu ermutigten. Sie sagte, dort, wo sie aufgewachsen sei, sei noch viel zu wenig vom Ostbewusstsein angekommen. Das gelte auch für sie selbst.

Eva ist ein Nachwendekind, aber ein westdeutsches. Sie

wurde 1990 in Nordrhein-Westfalen geboren, in Borken nahe Münster, »im wessigsten Westdeutschland«, wie sie sagt. Ich habe sie eingeladen, mit mir ins DDR-Museum Berlin zu gehen. Einmal, weil ich wissen will, wie groß die Unterschiede zwischen uns sind, nur weil sie auf der einen Seite der ehemaligen Grenze aufgewachsen ist und ich auf der anderen. Und dann, weil immer gesagt wird, das Reden über den Osten würde spalten. Das ist nun der ultimative Test.

Das DDR-Museum liegt direkt an der Spree zwischen Humboldt-Universität und Alexanderplatz. Es ist mein dramaturgischer Kniff: dahin zurück, wo der Osten angefangen hat, Osten zu werden. Eva war noch nie hier und sofort dabei, als ich sie fragte.

Als wir den Ausstellungsraum betreten, begrüßt uns als Erstes die Nachbildung eines Grenzabschnitts in Miniaturformat, daneben steht ein Schild, das erklärt, wie die DDR entstand. Eva liest und sagt:

»›Sozialistische Einheitspartei Deutschlands‹ – wenn ich das höre, denke ich sofort an Männer in körnigen Filmen, aber das ist ganz weit weg.«

»Witzig. Ich denke an meine Oma, die in der SED war«, sage ich.

»Ah, aus Überzeugung?«, fragt Eva, interessiert, nicht urteilend.

»Nicht wirklich. Sie war Verkäuferin und wurde irgendwann gefragt, also hat sie es gemacht.«

Wir gehen an der Vitrine entlang, auf die kleine nachgebildete Mauer schauend.

»Ich glaube, ich habe einen ganz anderen Blick auf die Geschichte mitgegeben bekommen«, sagt Eva. »Wenn ich ›Sowjet‹ lese, denke ich sofort an James-Bond-Bösewichte.«

»Mir kommt da als Erstes in den Sinn, dass Russland und Ostdeutschland mal zu einem großen Block gehörten. Da muss ich wieder an meine Oma denken, die nie viel gereist ist. Als ich Moskau besuchte, war das eines der wenigen Male, wo sie sagte: ›Ah, da war ich auch schon mal!‹«

So geht das die ganze Zeit. Eva und ich laufen durch die Räume des Museums und erzählen, was uns dazu einfällt. Klopfen die Assoziationsräume in unseren Köpfen ab und schauen, wo sie sich ähneln, wo sie verschieden sind. Im Museum sind Dutzende Alltagsutensilien ausgestellt. Kuscheltiere, Toilettenpapier, Schulhefte, Lockenwickler. Einiges kennen wir heute noch (Florena), anderes haben wir noch nie gesehen (Ananas-Krümeltee), manches kenne ich von früher und Eva nicht – zum Beispiel die Eierbecher, die wie Hühner aussehen, wir hatten davon einige zu Hause.

Eva erzählt, eines der ersten Dinge, die sie in ihrer Jugend über die DDR erfahren hat, war, dass es dort nicht immer alles gab – was aus ihrer Sicht unvorstellbar war. Ansonsten sei das ein fernes Land gewesen, das man sich so vorgestellt habe wie in *Goodbye Lenin*. *Sonnenallee* habe sie gesehen und gar nicht mit Ostdeutschland in Verbindung gebracht, sondern als eine andere Welt betrachtet.

Ich erzähle vom Konsummarken-Kleben. Von meiner Oma, die mit Orangen in ein Schuhgeschäft ging, um zu tauschen. Und von dem Lied, das meine Mutter mit ihren Kindern im Kindergarten gesungen hat: »Wenn ich groß bin, gehe ich zur Volksarmee …« Eva meint: »Im heutigen Prenzlauer Berg gäbe es Aufstände!«

Oft frage ich sie: »Kennst du das?« Und sie fragt mich: »Ist das etwas Typisches?« Denn sie weiß nicht, ob sie etwas nicht weiß, weil es mit der DDR zu tun hat oder weil es einfach lange her ist. Und ich weiß nicht, ob ich etwas kenne, weil es das in der DDR gab oder weil man es einfach kennt.

Wir ziehen Schubfach um Schubfach auf – das sind wirklich sehr viele, es ist ein interaktives Museum. Lesen uns gegenseitig Schilder vor: »Volkssportfest!«, »Proletarier aller Länder …«, »Elaste«, »Plaste«. Schauen uns die nachgebaute Gefängniszelle an und reden darüber, wie man bei allen schönen Erinnerungen, die hier aus dem Privatleben ausgestellt werden, nicht vergessen darf, dass die DDR eine Diktatur war. Wir setzen uns in den ausgestellten Trabi, und jede darf mal lenken. Eva ruft »Konsum!«, als sie das Schild der Supermarktkette entdeckt. Ich »Volksstimme!«, als ich eine alte Ausgabe der *Magdeburger Zeitung* sehe (die heute noch den gleichen Namen hat). Irgendwo läuft *Auferstanden aus Ruinen*. Es ist toll. Ein unkompliziertes Entdecken, ein gemeinsames. In dem wir beide etwas einbringen können und beide etwas über die verschiedenen Perspektiven lernen. Ohne Angst, etwas Falsches zu sagen.

Vor einigen Jahren war ich schon einmal im DDR-Museum. Das war kurz nachdem ich nach Berlin gezogen war, ich muss Anfang 20 gewesen sein. Ich war mit einer Freundin hier, auch aus Westdeutschland. Wir zogen dieselben Schubfächer auf, liefen dieselben Räume ab. Und doch war alles anders. Ich sah, mal abgesehen von den

Eierbechern vielleicht, auf all diese Dinge wie meine Freundin. Sie schienen mir wie aus einer fremden Welt. Jetzt, mit Eva, merke ich, was sich verändert hat.

Oft sprudeln die Assoziationen aus mir raus. Über Frauenpolitik in der DDR, die Bedeutung des Kollektivs, das Arbeitsverständnis. Als ich einmal frage, ob es zu viel ist, wehrt Eva ab: Nein, sie lerne dabei ja einiges. Auch ich lerne noch immer Neues (die SED war ursprünglich gegen FKK gewesen!). Aber merke gleichzeitig, was ich während meiner Reise gelernt habe. Wegen meines Ostbewusstseins kann ich viel mehr einbringen als bei meinem letzten Besuch. Keine objektive Wahrheit, aber eine Perspektive. Das ist doch was.

Eva und ich sind uns oft einig, können uns meistens verstehen, manchmal aber auch nicht. Und dann geht es noch, ein letztes Mal, um die Platte. Auf einem Video vor uns laufen Bilder der Gebäude ab.

»Wie findest du Platten?«, frage ich Eva.

»Ich muss sagen, immer wenn ich in einer Plattensiedlung unterwegs war, fand ich das irgendwie bedrückend, weil ich das Gefühl hatte, das macht die Leute so gleich. Und du?«

Ich erzähle von meiner neu aufgefrischten Plattenliebe, die auch genau mit diesem Gleichheitsaspekt zu tun hat.

»Findest du sie ästhetisch schön?«, fragt Eva, etwas ungläubig.

Wieder mein Moment, ich lege ihr die Schönheit der Platte dar, wie ich sie sehe.

Eva begutachtet noch mal die Platten auf dem Bildschirm, überlegt. Sagt: »Ja, ich verstehe schon. Diese Regelmäßigkeit …« Eine Pause. »Nein, tut mir leid, ich finde sie nicht schön«, sagt sie. Wir lachen beide.

Ja, es gibt Unterschiede. Karat und das Marken-Kleben kannte Eva nicht. Dafür weiß ich eigentlich nichts über Borken und das Aufwachsen an der holländischen Grenze – darüber sprechen wir dann das nächste Mal. Und: Eva mag keine Platten. Dafür hat sie jetzt einen neuen Hühner-Eierbecher, den ich ihr im Souvenirshop kaufe. In Grün. Unterschiede müssen nichts Trennendes sein.

22 Mama, Papa – was denkt ihr jetzt?

Ich habe mich lange davor gedrückt, noch einmal mit meinen Eltern über den Osten und ihre Nachwendezeit zu sprechen. Denn erstens kommen mir solche beorderten Gespräche immer etwas unnatürlich vor. Zweitens habe ich mich jetzt so viel mit dieser Zeit beschäftigt, den Erwartungen, Enttäuschungen, auch der Kränkung, die da bisweilen geschah, dass ich merke, wie ich Angst habe, irgendwelche Wunden aufzukratzen. Wunden, von denen meine Eltern vielleicht nicht einmal wissen, dass sie diese haben – wobei ich dann gleich wieder denke, dass es etwas übergriffig ist, von so etwas auszugehen.

Und doch: Diese Reise hat bei meinen Eltern begonnen. Ich habe das Gefühl, sie muss auch dort enden.

An einem heißen Sommertag verabrede ich mich mit ihnen auf unserer Terrasse in Magdeburg. Meine Mutter und ich sitzen auf zwei Stühlen und schauen auf unseren, von meinem Vater perfekt gepflegten, Garten.

»Haste an? Muss ich da reinsprechen?«, fragt meine Mutter, sehr laut, in Richtung Handy, das auf dem Tisch liegt. »Braucht jemand ein Sitzkissen?«, ruft mein Vater aus dem Keller. Mir fällt das Gespräch schwer, ich habe das Gefühl, meinen Eltern nicht. Sie treffen Vorbereitungen, damit es nett wird, und irgendwie komisch ist es wahrscheinlich für jeden, wenn einen die eigene Tochter interviewt, aber von dem Thema selbst wirken sie unbeeindruckt. Ja, sie reden mit mir über den Osten, wenn ich das will. Aber sie wirken, als ob sie das nur für mich tun. Sie selbst scheinen das nicht zu brauchen oder zu wollen. Zumindest fangen sie nie von sich aus damit an.

»Ich kann mich kaum erinnern an die Nachwendezeit«, sagt meine Mutter, noch bevor mein Vater zurück ist.

»Weil es so schlimm war?«, frage ich.

Sehr offen gefragt.

»Das ist doch jetzt Quatsch, Valerie. Ich kann mich auch oft nicht an Dinge erinnern, die gut waren.«

»Aber wie war denn jetzt die Nachwendezeit für dich?«

Ich presse den Satz heraus, dann ist er schneller über die Lippen.

»Die Nachwendezeit ist doch jetzt immer noch«, sagt meine Mutter.

»Sagen wir mal, die ersten fünf Jahre nach der Wende.«

Meine Mutter überlegt.

»Na, ich habe schöne Sachen bekommen für meine Kinder.« Sie überlegt weiter. »Wir haben ein Auto gekauft, Pampers gab es dann ja auch.« Wieder Pause. »Das Leben wurde einfacher. Und bei der Arbeit fiel die rote Beleuchtung weg, wenn du weißt, was ich meine, also die sozialistische Erziehung. Wir hatten im Kindergarten noch die gleichen Bücher wie vor der Wende. Aber alles, was über den Sozialismus drinstand, haben wir nicht mehr vorgelesen.« Pause. »Reicht das?«, fragt sie.

»Na ja …«, sage ich. Wir lachen.

»Ist denn diese Zeit für dich mit einem guten oder mit einem schlechten Gefühl verbunden?«

»Na, Valerie, du wurdest geboren.«

»Aber abseits von mir?«

»Ich hatte nur meine Familie im Blick. Deswegen blicke ich euphorisch in diese Zeit, darüber, dass es dich auf einmal gab.«

»Hier«, sagt mein Vater, als er uns die Kissen reicht. Er legt sich selbst eines auf den Stuhl und setzt sich zu uns.

»Wie fandest du die Nachwendezeit?«, frage ich ihn.

»Fünf Jahre hat sie gesagt, Torsten, so 90 bis 95«, sagt meine Mutter.

»Ja, so grob, Mama.«

»Nicht zu lang werden also, Torsten«, sagt sie.

»Vielleicht auch die Neunziger allgemein«, sage ich.

»Wie war das denn mit deinem Job?«, fragt meine Mutter.

Mein Vater trinkt einen Schluck Kaffee, atmet einmal aus. »Rückblickend war das eine aufregende Zeit«, sagt er. »Schlimm war natürlich erst mal, dass die Arbeit wegfiel. Ich habe ja noch in dem Dienstleistungskombinat in Gardelegen gearbeitet, wo immer viel zu tun gewesen ist. Als die Wendezeit losging, wurde die Arbeit knapp. Nachher war gar keine mehr da. Das kannte man so aus der DDR ja erst mal nicht.«

»Gar keine Arbeit mehr?«, frage ich.

Um nicht zu fragen, was das in ihm ausgelöst hat.

»Ja, aber lange habe ich mir das nicht angeguckt. Ich habe dann in Helmstedt, gleich an der Grenze im Westen, bei einem kleinen Elektromeister angefangen und bin jeden Tag 60 Kilometer hin- und zurückgependelt.«

Pause.

So ist das immer. Wenn ich nicht die nächste Frage

stelle, stockt das Gespräch. Es ist kein unangenehmes Schweigen. Nur geredet wird nicht. In Filmen gibt es ja oft Familienszenen, in denen Eltern oder Großeltern ausschweifend aus der Vergangenheit berichten, viel und ungefragt, sodass die jüngere Generation in der Runde genervt ist. À la *Opa erzählt vom Krieg*. Ich habe mich immer gefragt, ob das bei anderen Familien wirklich so ist.

Ich gebe das (halbwegs) offene Fragen auf und fange an, Dinge aufzuzählen, die ich von anderen Ostdeutschen mit Umbrucherfahrung gehört habe; teste diese an meinen Eltern.

»In einem Jahr hat sich doch alles verändert. Das Steuersystem, das Versicherungssystem, das Reisen, das Wählen. War das nicht ganz schön krass?«

»Mh-mh«, sagt mein Vater.

Ton, diesmal: Ja klar, war halt so, was soll ich jetzt dazu sagen?

»Aus den Regalen sind ja auf einmal alle Produkte verschwunden, mit denen man so aufgewachsen ist. War das nicht seltsam?«, mache ich weiter.

»Nee, mein Schatz«, sagt meine Mutter.

»Am Anfang noch nicht. Das kam später erst. Erst mal haben wir alles Neue ausprobiert«, sagt mein Vater.

»Darum, was haben wir denn vermisst? Wir haben gar nichts vermisst! Wir hatten ja auch auf einmal richtig schönen Saft«, sagt meine Mutter.

»Was kam später?«, frage ich meinen Vater.

»Die Rückbesinnung auf Ostprodukte. Oder auf Ostmusik. Der rennen ja heutzutage alle hinterher. Damals hat das kein Mensch gehört.«

Innerliches unauffälliges Räuspern.

»Habt ihr denn die Produkte irgendwann vermisst?«

»Na, vermisst nicht. Aber man hat dann irgendwann doch wieder angefangen, die Sachen aus dem Osten zu kaufen«, sagt mein Vater.

»Wir wollten die unterstützten. Dass die Halloren-Kugeln nicht auch noch sterben«, sagt meine Mutter.

»Aber das kam erst später in den 90ern. Dass wir nur den Ostsekt kaufen«, sagt mein Vater.

Er meint natürlich: Rotkäppchen.

»Und Bautzner!«, ruft meine Mutter.

Der Senf.

Pause.

»Also«, setze ich an, »für einige Leute war ja die Nachwendezeit auch richtig schlimm.«

Was soll ich noch sagen?

»Wegen der Arbeitslosigkeit, denke ich. Aber wir waren ja jung, Anfang zwanzig, als die Mauer fiel«, sagt meine Mutter.

»Wir waren ausgebildet, hatten einen Abschluss. Meiner ist problemlos anerkannt worden«, sagt mein Vater.

»Bei mir hat sich bei der Arbeit nichts verändert. Ich wurde nicht arbeitslos und gar nichts. Aber dann ... Wann kam die Entlassungswelle, Torsten?«

Meine Mutter heißt übrigens Anke.

»Später, 97«, sagt mein Vater.

»Genau. Irgendwann nach der Wende haben die Leute aufgehört, Kinder zu kriegen, 97 wurden dann viele Kindergärtnerinnen entlassen. Aber ich nicht. Ich war mit deinem Bruder schwanger. War immer auch Glück alles«, sagt meine Mutter.

»Es wurde ja von manchen kritisiert, dass die Lehrer

und Erzieherinnen nach der Wende nicht ausgewechselt wurden – weshalb die sozialistische Denke dort lange nicht verschwunden sei«, sage ich.

»Was hätten die denn machen sollen?«, fragt mein Vater, etwas angriffslustig.

»Wir hätten keine anderen Erzieher gehabt«, sagt meine Mutter.

»Hätte man all die Leute vor die Tür setzen sollen? Oder was hätte man mit ihnen machen sollen?«, fragt mein Vater in meine Richtung.

»Nee, ich mein nur …«, sage ich.

»Sie haben ja trotzdem eine hochwertige Ausbildung genossen, die Erzieher und die Lehrer«, sagt meine Mutter.

Pause.

»Also …«, setze ich wieder an, »um euch hat sich ja alles verändert.«

»Mh-mh.« Papa.

»Ein ganzes *System*«, betone ich und mache systemandeutende Handbewegungen.

»Aber in einer Zeit, da wir sowieso neu begonnen hätten, verstehst du?«, beginnt meine Mutter. »Als junge Familie wäre es auch im Sozialismus schwer geworden, so hatten wir wenigstens Pampers.«

»Wir sind ja nicht arbeitslos geworden. Deswegen hatten wir mit den ganzen Problemen, die es diesbezüglich gab, wenig zu tun«, sagt mein Vater.

»Und in eurem Umfeld?«

»Na jaaaa. Ja. Es mussten natürlich viele reisen dann.«

Er meint: pendeln.

»Viele sind sofort ganz abgehauen«, erinnert sich meine Mutter.

»Und dann gab es Leute, die hundert Bewerbungen geschrieben haben, na klar, die gab's«, sagt mein Vater.

»Aber das hat euch auch nicht gestört?«

»Das war erst mal eine neue Erfahrung.«

»Ist die Wiedervereinigung denn gut gelaufen?«

»Im Rückblick kann man immer sagen, was man hätte besser machen können – das steht fest.«

»Da war doch das mit dem Bausparvertrag! Den uns der eine angedreht hat, Torsten«, sagt meine Mutter.

»Wir sind sogar selbst hingegangen«, sagt mein Vater und lacht.

»Das war ein Fuchs«, sagt meine Mutter. »Wir dachten, wir können sparen und etwas zur Seite packen für unsere Familie. Aber das war ein ganz schlechter Deal. Opa hat sofort gemeckert und gesagt, dass wir den Vertrag kündigen sollen. Das ging noch in den ersten zehn Tagen. Also, ein bisschen naiv waren wir natürlich. Jung und naiv. Ist ja logisch.«

»Der ganze Osten war naiv. Alle haben dir irgendetwas versprochen«, sagt mein Vater.

»Fühlt man sich da nicht verarscht?«

»Man war schon manchmal enttäuscht. Aber wir haben alles immer mehr durchschaut. Und irgendwann kannte man die Tricks«, sagt meine Mutter.

»Welche Tricks?«

»Wir mussten zum Beispiel anfangen, eine Steuererklärung zu machen«, fängt mein Vater an, »damit wir Geld wiederbekommen. Das kannten wir ja auch gar nicht. Wir haben halt überall mal Lehrgeld bezahlt, weil wir irgendetwas nicht gewusst haben. Das ist mit Sicherheit vorgekommen.«

»Es gibt einige Ostdeutsche, die sagen, sie fühlten sich schnell als Bürger zweiter Klasse. Wie war das bei euch?«

»Ach, Bürger zweiter Klasse. Was ist denn die erste Klasse? Wie entscheidet man das?«, fragt mein Vater.

»Ich weiß nicht, ich sag nur.«

»Ach, das sind Leute, die sich immer vergleichen und denen dann aufstößt, wenn jemand erfolgreicher ist. In der DDR war das Leben auch schwer. Das darfst du nicht vergessen. Man hat zwar seinen Job gehabt. Aber du musstest dich um jeden Krempel bemühen. Ich bin heilfroh, dass alles so gekommen ist.«

»Da fällt mir ein«, fängt meine Mutter an, »irgendwann saß ich mal auf der Hochzeit einer Freundin neben einem Wessi. Und der fragte mich: Was glaubst du, was ich über euch denke? Da habe ich gesagt: dass wir Bauerntrampel und Proleten sind. Der war richtig enttäuscht und hat gefragt: Das glaubst du nicht wirklich? Da hat er sich erst mal aus unserem Gespräch ausgeklinkt. Dabei hatte ich das doch nur so gesagt, Ossis reden ja mal, wie ihnen der Mund gewachsen ist.«

»Hat er dann gesagt, was er wirklich denkt?«, frage ich.

»Nee. Bei der Hochzeit gab's so verschiedene Programmpunkte. Er musste dann zum Yoga.«

Pause.

Mein Vater holt sich einen neuen Kaffee. Meine Mutter zündet sich eine Zigarette an und schaut auf das kleine Vogelhaus, das im Beet steht. Viele Vögel fliegen herum, entweder sie tanzen miteinander, oder sie kämpfen ums Futter. Je nachdem, was man sehen will.

»Und Ost und West spielen für euch noch immer keine Rolle, außer wenn ich danach frage?«, will ich wissen, als mein Vater zurück ist.

»Also, ich fühle mich schon als Ossi. Und wir wissen auch, dass die Löhne nicht gleich sind«, sagt meine Mutter.

»Ja, na ja. Das ist trotzdem immer dieser rückwärtsgewandte Blick«, beginnt mein Vater. »Für mich spielt das keine Rolle. Man muss jetzt auch nach vorne gucken und machen, finde ich. Dieses ganze Umhergelalle, was alles schieflief … Sicherlich war das so. Aber trotzdem, es hat doch jeder seine Chance gehabt am Ende.«

»Nee. So sehe ich das nicht«, sagt meine Mutter.

»Sicherlich, in unserer Generation auf jeden Fall.«

»Torsten, wir hatten beide Glück. Wie schnell sind so viele arbeitslos geworden. Das hatten wir beide nur nicht.«

Mein Vater trinkt einen Schluck Kaffee und sagt nichts weiter dazu.

Mein Vater, ein Ossi mit Umbrucherfahrung, sagt, für ihn würden Ost und West keine Rolle mehr spielen. Was in Ordnung ist und ich annehme, ich werde ihm nichts anderes aufdrücken. Aber was heißt das für mich und meinen Ostbezug?

Als meine Mutter schon anfängt, sich der weiteren Tagesplanung zu widmen, mache ich einen letzten Versuch:

»Papa, als ich das erste Mal mit euch über mein Ossi-Gefühl gesprochen habe, war deine erste Frage: Was hast du denn noch mit dem Osten zu tun?«

»Mh-mh.«

»Und, was denkst du jetzt? Habe ich etwas mit dem Osten zu tun?«

Er hebt einmal die Schultern hoch, runter, atmet aus. Schaut aufs Vogelhaus.

»Ja, sicherlich«, sagt er.

* * *

Ein paar Wochen nach unserem Gespräch entdecken meine Eltern zufällig ein Video von mir im Internet, in dem ich über den Osten rede. Ich habe ihnen nicht davon erzählt. Nicht aus Absicht, sondern weil ich einfach nicht daran gedacht hatte. Ich spreche darin über viele Dinge, die mir auch auf meiner Reise begegnet sind, wie über das Leben in der DDR, den Ost-Kosmos, das Bedürfnis nach Protest. Und darüber eben, dass man *den Osten* nicht einfach abschreiben dürfe.

Meine Mutter verschickt das Video, nachdem sie es gemeinsam mit meinem Vater gesehen hat, an so ziemlich alle Menschen in ihrer Kontaktliste. Einschließlich meiner Omas. Obwohl ich in dem Video rauche und das bis dahin gut vor ihnen verstecken konnte (auch wenn man fast dreißig Jahre alt ist, gibt es noch Dinge, die Großeltern lieber nicht wissen sollen). Als ich von meinen Omas dementsprechende Nachrichten bekomme, rufe ich, etwas genervt, meine Mutter an und frage sie, warum das denn sein musste. Sogar den Omas. Meine Mutter sagt: »Weil du uns nicht verurteilt hast. Du hast gesagt, was wir denken, und für uns gesprochen. Das hat mich so gefreut, da war mir das mit dem Rauchen egal.«

Am meisten habe ihr die Stelle gefallen, an der ich von den Ossi-Momenten erzähle. Davon, dass ich immer wieder die Klischees und Vorurteile gehört habe und dass daraufhin mein Ostbewusstsein begann. Denn, sagt meine Mutter, ich hätte mich ja auch abwenden können. Stattdessen hätte ich sie verteidigt.

23 Unser Osten

Neulich kam ich mit einem anderen Nachwendekind ins Gespräch, irgendwo in Mecklenburg-Vorpommern. Er war aus Jena, ich fragte ihn, ob er dort aufgewachsen sei. Nein, sagte er, er komme aus Baden-Württemberg. Aber er sei immerhin schon seit acht Jahren im Osten! Ein bisschen musste ich lächeln. Da war er wieder, *der Osten*. Und dieses Mal hatte ich nicht zuerst damit angefangen.

Lange wollte man das Wort ja überhaupt nicht mehr in den Mund nehmen. Der Osten, das Ostdeutsch-Sein, das war der Unterschied, der verschwinden sollte. Darüber zu reden bedeutete, über Probleme zu reden. Es stand der Wiedervereinigung im Weg. Auch für die Ostdeutschen selbst. Ich habe mittlerweile verstanden, dass meine Eltern damals, in unserem ersten Gespräch, deswegen so abweisend reagierten. Für mich war der Osten etwas, das ich mir gerade erst zu erobern begann. Für sie war es eine Vergangenheit, die endlich vorbei sein sollte, die sie ablegen wollten – um im deutsch-deutschen Verhältnis nicht mehr *die Ossis* zu sein. Ihnen zu sagen, ich bin Ostdeutsche, war wie eine Enttarnung. Als wenn ich ihnen gesagt hätte: Ihr habt es nicht geschafft.

Aber das stimmt natürlich nicht. Sie haben es geschafft. Sie, die Ostdeutschen, haben so vieles geschafft. Sie haben die DDR überstanden, diesen Staat von der Straße aus niedergerungen, haben sich in der Nachwendezeit zurechtgefunden und sind – doch, auch bei allen Problemen! – in diesem wiedervereinigten Land angekommen.

Und wir, die Nachwendekinder, sind vielleicht die erste Generation, die darauf verweisen kann. Wir können über den Osten reden, ohne dass uns Ostalgie vorgeworfen wird oder Rückwärtsgewandtheit. Wir können eine Stimme dieses Landesteils sein. Und zwar so laut und wahrnehmbar, dass man nicht mehr um ihn herumkommt – und das Interesse nach den Jubiläen nicht gleich wieder abebbt. Wir verstehen den Osten, aber genauso den Westen. Wir sind die Vermittlerinnen, eine Generation als Scharnier. Wenn wir wollen.

Das war mir nicht immer so klar. Ich wusste anfangs nicht einmal, ob es wirklich gut ist, über diese diffusen Ossi-Gefühle zu schreiben. Ob das wirklich zuträglich ist für den gesellschaftlichen Frieden. Deswegen waren die vergangenen Monate von Emotionen in Sinuskurvenformen begleitet. An einigen Tagen fühlte ich mich wie eine große Entdeckerin, Columbus-Style, auf unbekannten Gewässern, und meine Notizen konnten pathetischer werden als eine Dankesrede von Heidi Klum. An anderen Tagen hätte ich meine Notizen gern in der Luft zerrissen (zum Glück arbeite ich nicht handschriftlich).

Jetzt bin ich froh um diese Reise, mein Ostbewusstsein, froh um diese Kurven. Denn es dauerte eine Weile, bis ich realisierte, dass sie dazugehören. Sie drücken eine emotionale Verbundenheit zum Thema aus, und die muss ja nichts Schlechtes sein. Klar, es ist immer irgendwie anstrengend, sich mit seiner eigenen Identität zu beschäftigen. Aber es bringt etwas, weil man merkt, dass man nicht allein ist und es gemeinsam leichter fällt, eine Stimme zu sein.

Manchmal ist es eben auch anstrengend, sich mit dem Osten zu beschäftigen. Aber das heißt nicht, dass es nicht wichtig ist. Jede politische Wahl, alle Kommentare nach diesen Wahlen, so viele mitgehörte Gespräche an westdeutschen – auch ostdeutschen – Stammtischen zeigen das. Die *Ossi*-Schublade ist noch immer bis obenhin vollgestopft mit Klischees und Stereotypen, trotz allen Redens der letzten Jahre. Das heißt: Es ist noch nicht genug geredet. Und wir Nachwendekinder haben ja gerade erst angefangen.

In den vergangenen Monaten habe ich so viele junge Ostdeutsche getroffen, denen es ein Bedürfnis ist, über ihre Heimat zu sprechen, über ihre Herkunft und Prägung, über die Probleme und alles, was daraus entsteht. Daneben standen – und stehen – aber auch die vielen anderen Momente. In denen ich gefragt werde, ob das denn wirklich noch Thema sei, ob das ständige Reden über Ost und West nicht nur zu neuen Konflikten führe. Ob wir nicht *weiter* seien. Mittlerweile zeigt sich für mich eines eindeutig: Gerade weil momentan so viel über den Osten gesprochen wird, gerade weil auch wir Nachwendekinder mitreden – gerade darin zeigt sich, dass wir *weiter* sind.

Es gibt die These namens »Das Integrationsparadox«. Der Soziologe Aladin El-Mafaalani hat sie in seinem gleichnamigen Buch formuliert. Darin geht es wieder um den Tisch, an dem alle Gruppen einer Gesellschaft sitzen und ein Stück vom Kuchen wollen. Wenn sich eine neue Gruppe mit an den Tisch setzt, wird der Platz erst mal weniger, und es muss mehr geteilt werden. Das führt zu Diskussionen, aber bedeutet: Alle sitzen am Tisch.

Das heißt: Konflikte in einer Gesellschaft bedeuten nicht, dass Integration scheitert. Sondern dass sie gelingt. Denn je gleichberechtigter eine Gruppe ist, desto lauter kritisiert sie das Stück, das ihr zur Augenhöhe fehlt. Und desto eher ist sie in der Position, dass diese Kritik auch gehört wird.

Wenn jetzt also viel über den Osten gesprochen wird, deutet das nicht darauf hin, dass wir gespalten(er) wären. Sondern im Gegenteil, dass wir auf einem guten Weg sind in Sachen Deutsche Einheit.

Ost- und Westdeutschland sind sich in den vergangenen dreißig Jahren ja noch nie auf Augenhöhe am Tisch begegnet. Diskursmacht, Führungskräfte, Wirtschaftsmacht, historische Haupterzählung: alles westdeutsch. Nur bekommen das mittlerweile immer mehr Menschen mit, weil wir jetzt darüber sprechen. Man könnte es auch so sehen: Wir waren noch nie so wiedervereinigt wie jetzt. Und trotzdem geht noch was. Das ist fantastisch.

Wenn Perspektiven aufeinandertreffen, gibt es Meinungsverschiedenheiten. Das gilt für alle Perspektiven, für alle Parallelerzählungen, nicht nur für die ostdeutsche. So entsteht vielleicht Streit. Aber genau dieser Streit stärkt das Verständnis füreinander – und die Fähigkeit, Probleme zu lösen.

Und wer soll für den Osten streiten, wenn nicht genauso wir, die Nachwendekinder. Wir streiten für die Augenhöhe, die Sichtbarkeit. Für unsere Nachbarn, unsere Eltern, aber auch für uns selbst. Denn der Osten, das sind auch wir.

Unser Osten hat nicht mehr viel mit der DDR und mit dem Umbruch zu tun. Natürlich, diese Dinge haben ihn erst zu dem gemacht, was er ist. Und trotzdem ist beides auch: Geschichte. Der Osten von heute ist etwas Eigenes geworden, mit einem eigenen Charakter. Der ist kritisch, hinterfragend, suchend. Mitunter widerspenstig, meistens liebenswert. Manchmal ängstlich, immer erfinderisch. Zum Teil wütend, aber zu einem viel größeren Teil hoffnungsvoll. Im Osten wird jeden Tag über die Zukunft nachgedacht – auch, weil es anders gar nicht geht. Dort entstehen neue Dinge, die Leere füllen. Er ist eine Gegend, die noch verhandelt wird, die bestritten wird. Ein Möglichkeitsraum. Und darin steckt das utopische Potenzial. Denn wenn noch nicht alles fertig ist, noch nicht alles verstanden ist, noch nicht alles erfragt ist – dann ist noch alles denkbar.

In diesem Raum sind wir, die Nachwendekinder, groß geworden, und das hat uns geprägt. Für uns steht vieles noch nicht so fest, dafür stellen wir mehr infrage. Und Fragen sind gut. Sie halten eine Gesellschaft in Bewegung.

Am Anfang meiner Reise dachte ich, es gehe darum, dass wir die Unterschiede irgendwann verschwinden lassen. Das war das Ziel. Massive temporäre Sichtbarkeit für unsere Unsichtbarkeit. Aber jetzt, am Ende, denke ich: Wieso eigentlich? Ich will gar nicht unsichtbar sein als Ostdeutsche. Keines der Nachwendekinder, die ich auf meiner Reise traf, wollte das. Wir können auch *Ossis* in einem perfekt wiedervereinigten Deutschland sein. Und *der Osten* kann, darf und soll mehr sein als eine Himmelsrichtung.

Dass es etwas bewirkt, das Reden, das bemerken wir ja schon jetzt. Im Juni 2019 ist die Nachrichtensprecherin Wibke Bruhns gestorben. Auf *Spiegel Online* kann man in einem Nachruf lesen, sie sei die erste Frau gewesen, die im »westdeutschen Fernsehen« die Hauptnachrichten präsentiert habe.

Unter dem Artikel weist die Redaktion darauf hin, dass sie den Text bearbeitet habe. In einer früheren Version habe fälschlicherweise gestanden, Wibke Bruhns sei die »erste deutsche« TV-Nachrichtensprecherin gewesen. Am Ende steht: »Wir haben den Fehler korrigiert.«

Anhang

Quellenangaben

(in Reihenfolge der Nennung)

4. Was ist der Osten?

Spiegel Online: *Beschäftigte in Ostdeutschland. Längere Arbeitszeit, weniger Lohn.* Verfügbar unter: https://www.spiegel.de/karriere/beschaeftigte-in-ostdeutschland-laengere-arbeitszeit-weniger-lohn-a-1276092.html (vom 6.7.2019), zuletzt abgerufen am 10.1.2020.

Quirin Privatbank, YouGov Deutschland: *Erbschaften in Deutschland 2017.*

Bundesministerium für Wirtschaft und Energie (Hrsg.): *Jahresbericht der Bundesregierung zum Stand der Deutschen Einheit* (2019).

Bertelsmann Stiftung (Hrsg.): *Kommunaler Finanzreport 2019* (2019).

Michael Bluhm, Olaf Jacobs für Universität Leipzig, MDR, Hoferichter & Jacobs Film- und Fernsehproduktionsgesellschaft: *Wer beherrscht den Osten? Ostdeutsche Eliten ein Vierteljahrhundert nach der deutschen Wiedervereinigung* (2016).

Bundesinstitut für Bevölkerungsforschung: *Go East. Erstmals mehr Umzüge von Westdeutschland in die ostdeutschen Flächenländer* (Pressemitteilung vom 30.01.2019).

ifo Institut Dresden: *Einwohnerzahl in Ostdeutschland ist auf den Stand des Jahres 1905 zurückgefallen* (Pressemitteilung vom 12.06.2019).

Naika Foroutan, Frank Kalter, Coşkun Canan, Mara Simon für DeZIM-Institut: *Ost-Migrantische Analogien I. Konkurrenz um Anerkennung* (2019).

Petra Köpping: *Integriert doch erst mal uns! Eine Streitschrift für den Osten* (2018).

Bundesministerium für Familien, Senioren, Frauen und Jugend (Hrsg.): *Neunter Jugendbericht. Bericht über die Situation der Kinder und Jugendlichen und die Entwicklung der Jugendhilfe in den neuen Bundesländern. Stellungnahme der Bundesregierung zum Bericht der Sachverständigenkommission* (1994).

Frank Richter: *Hört endlich zu! Weil Demokratie Auseinandersetzung bedeutet* (2018).

Rebecca Pates, Maximilian Schochow (Hrsg.): *Der »Ossi«. Mikropolitische Studien über einen symbolischen Ausländer* (2013).

Wolfgang Enger, Jana Hensel: *Wer wir sind. Die Erfahrung, ostdeutsch zu sein* (2018).

Thomas Ahbe: Ostalgie und die Lücke in der gesellschaftlichen Produktion von Erinnerungen. In: *Hochschule Ost. Leipziger Beiträge zu Hochschule & Wissenschaft.* 1/01 (2001).

5. Massive temporäre Sichtbarkeit

Adriana Lettrari, Christian Nestler, Nadja Troi-Boeck (Hrsg.): *Die Generation der Wendekinder. Elaboration eines Forschungsfeldes* (2016).

7. Was es im Westen nicht gibt

Statistisches Landesamt Sachsen-Anhalt: *1033 Einwohnerinnen und Einwohner mehr in Halle (Saale) als in der Landeshauptstadt Magdeburg* (Pressemitteilung vom 18. Dezember 2019, basierend auf Zahlen von Ende September).

PWIB Wohnungs-Infobörse GmbH: *Aktuelle Mietspiegeldaten in Deutschland.* Verfügbar unter: https://www.wohnungsboerse.net/mietspiegel-mietpreise (zuletzt abgerufen im Dezember 2019).

8. Die Weltenwechsler

Rainer Faus, Simon Storks für Otto-Brenner-Stiftung: *Im vereinten Deutschland geboren – in den Einstellungen gespalten? OBS-Studie zur ersten Nachwendegeneration* (2019).

10. Es braucht einen Putzplan

Aladin El-Mafaalani: *Das Integrationsparadox. Warum gelungene Integration zu mehr Konflikten führt* (2018).

14. Utopien und Techno

Bertelsmann Stiftung (Hrsg.): *Kommunaler Finanzreport 2019* (2019).

16. Ostfrau

Bundesministerium für Familie, Senioren, Frauen und Jugend (Hrsg.): 25 Jahre Deutsche Einheit. *Gleichstellung und Geschlechtergerechtigkeit in Ostdeutschland und Westdeutschland* (2015).

Anke Domscheit-Berg: *Familienpolitik in Ost- und Westdeutschland – und ihre langfristigen Auswirkungen.* Verfügbar unter: https://www.boell.de/de/2016/11/09/familienpolitik-ost-und-westdeutschland-und-ihre-langfristigen-auswirkungen (vom 9.11.2016), zuletzt abgerufen am 10.01.20.

Michael Schönherr, Olaf Jacobs für MDR, RBB, Universität Leipzig, Hoferichter & Jacobs Film- und Fernsehproduktion: *Ostfrauen – Wege zur Macht. Ostdeutsche Frauen in den Eliten und Frauenquoten in Ostdeutschland.* (2019).

18. Kater

Bundesagentur für Arbeit (Dezember 2019).

19. Ignorierte Probleme. Oder: Wer ist hier der Osten?!

Marion Reiser, Heinrich Best (et al.) für Friedrich-Schiller-Universität Jena, KomRex – Zentrum für Rechtsextremismusforschung, Demokratiebildung und gesellschaftliche Integration: *Heimat Thüringen. Ergebnisse des Thüringen Monitors 2018* (2018).

Marion Reiser, Heinrich Best (et al.) für Friedrich-Schiller-Universität Jena, KomRex – Zentrum für Rechtsextremismusforschung, Demokratiebildung und gesellschaftliche Integration: *Gesundheit und Pflege in Thüringen. Ergebnisse des Thüringen Monitors 2019* (2019).

Bernd Wagner: Die Stasi und Neonazis in der DDR. In: *Journal EXIT-Deutschland. Zeitschrift für Deradikalisierung und demokratische Kultur.* Bd. 2 (2016).

Dank

Ich danke Martin Machowecz, Anne Hähnig und Patrik Schwarz, ohne die es nie zu diesem Buch gekommen wäre.

Und Laila, Julius, Moritz, ohne die es nie fertig geworden wäre.

Danke an alle Gesprächspartnerinnen für ihre Unterstützung und ihre Offenheit, neben den Genannten Thomas Ahbe, Marlene Breyer, Christoph Dieckmann, Steffen Dobbert, Lucas Gerrits, Maike Hansen, Stefan Krabbes, Adriana Lettrari, Paul Kaiser, Christin Köpp, Michael Meyen, Peggy Piesche, Anne Ramstorf, Samira Saad, Michael Sandler, Bärbel Spengler, Linh Tran.

Danke an Heike Wilhelmi und Anja Hänsel für ihren Zuspruch und ihre guten Nerven.

Fürs Lesen und Da-Sein danke ich Mäggi, Caro, Carmen, Julia, Flo, Livia, Kim.

Meinen Eltern, meinem Bruder, meinen Omas danke ich für ihr Vertrauen und ihre Liebe.

Danke, für jedes inspirierende Gespräch, jedes motivierende Wort, jedes Paket, jede aufbauende Nachricht, jeden lieben Gruß der vergangenen Monate – alles hat so geholfen.